微营销
实战全攻略

PRACTICE SKILLS
ON MICROMARKETING

蒲昱辰／著

经济管理出版社
ECONOMY & MANAGEMENT PUBLISHING HOUSE

图书在版编目（CIP）数据

微营销实战全攻略/蒲昱辰著 . —北京：经济管理出版社，2018.7
ISBN 978 - 7 - 5096 - 5854 - 3

Ⅰ. ①微… Ⅱ. ①蒲… Ⅲ. ①网络营销 Ⅳ. ①F713. 365. 2

中国版本图书馆 CIP 数据核字（2018）第 141045 号

组稿编辑：张　艳
责任编辑：张　艳　韩　峰
责任印制：黄章平
责任校对：赵天宇

出版发行：经济管理出版社
　　　　　（北京市海淀区北蜂窝 8 号中雅大厦 A 座 11 层　　100038）
网　　　址：www. E - mp. com. cn
电　　　话：（010）51915602
印　　　刷：三河市延风印装有限公司
经　　　销：新华书店
开　　　本：720mm×1000mm/16
印　　　张：15. 25
字　　　数：206 千字
版　　　次：2018 年 8 月第 1 版　　2018 年 8 月第 1 次印刷
书　　　号：ISBN 978 - 7 - 5096 - 5854 - 3
定　　　价：49. 00 元

前 言

一本书，学会微营销全部智慧

相信，很多人都有这样的体验：打开朋友圈，映入眼帘的都是微商广告，朋友圈成了微商的战场。仅用了短短的几年时间，微商就实现了从不被认可到被认可、从不规范到规范、从小规模到大规模的转变。

2013 年，微商野蛮时代；

2014 年，微商面膜时代；

2015 年，微商回归本质时代；

2016 年，微商进入抱团发展时代；

2017 年，随着微商的进一步发展，微商逐渐辗转到拼品牌实力时代。

我们身边的很多人，都已经加入微商的队伍，成为了微商大军中的成员。并且，很多人还通过微信营销这一平台，实现了命运的华丽转折，成功逆袭。

移动互联网时代，"只要站在风口，猪也能飞起来"，越来越多的草根加入微商的大军，他们心怀鸿鹄之志、他们激情满怀、他们百折不挠地取得了一项项战绩。可是，做微商的人虽多，真正能做好的却很少，多数人都被阻拦在微商成功的大门之外，不得不从门缝中小心翼翼地窥探。

为了帮更多的人回答关于微营销的问题，为了让更多的人喜欢做微营销，也为了让做微营销的人取得更大成就，笔者基于团队在微营销领域多年的研究、学习和培训经历，把多年微营销实战的智慧和微营销的宝贵经验总结成了一本专著。

本书力图用通俗易懂的文字，把微营销领域方方面面的内容浓缩其中，对读者了解微营销或者是解决微营销领域的问题有实质性的帮助，让读者在忙碌的生活中，只要打开这本书，翻开任何一页阅读，都能多多少少有些收获。

本书从微营销的整体信息介绍开始，让人们了解到微营销是充满前景与收获的事业，至少是一项让人生充满憧憬的工作。全书共计十一章，介绍了微营销客户开发、销售与成交、招商的逻辑与关键所在、团队组建、内容经营、平台建设、涨"粉"招数、能力培养、微淘店铺兴旺的技巧和微营销要注意之处。全书对微营销"三微"——微博、微信、微淘这三大内容，进行了充分、全面的介绍。

希望这本书给读者带来切实的帮助。让我们一起用智慧开拓美好的生活。相信读者在微营销领域会了解更多，更具有实战能力，用微营销的收获改变人生，建设美好家庭，打造属于自己的幸福生活。

目　录

微营销是一种新鲜事物，越来越多的人积极加入其中。微营销相对于传统营销而言，时间更自由，更能够创造幸福的人生。

客户是微营销的对象，也是友谊桥梁的终端。获得客户的秘诀在于爱和尊重客户，为客户着想。爱能够让客户变得越来越多。一个有爱的人在做微营销时，会更有智慧地通过微营销传播爱。

第三章　微营销的销售与成交 | 45

商品销售是"有体温"的行为，我们要让更多的人体会到，微营销的产品能给人带来温暖，使生活更加完善。

第四章　微营销的招商逻辑 | 69

做微营销，就要招商，招商是与有缘的人一起合作，共赢精彩人生。招商的人数越多、规模越大，友谊与爱就越多，让人生充满乐趣与成就感。

第五章　微营销的团队建设 | 91

独木难成林，微营销的事业也是如此。微营销是依靠团队合作的事业。唯有爱、真诚与奉献，才能让一个团队变得美好而团结。

第六章　微营销的内容经营 | 115

微博、微信、微淘，在微营销领域运行的时候，其内容是基础。商品内容具有真实性，能打动人心是至关重要的。

第七章　微营销的平台建设 │137

微营销的平台建设，很多时候表现在微信平台的建设上。微博与微淘的内容表达，也是以销售产品为目的：通过信息平台把产品顺利销售出去，造福消费者和客户。

第八章　微营销的涨粉招数 │161

微博需要关注者，微信需要好友，微淘需要用户来关注、成为"粉丝"。让"粉丝"进一步成为有效的客户，是要付出爱与智慧的，在此基础上通过一定的技巧可以让"粉丝"快速成为客户、朋友。

第九章　微营销的微淘策略 │183

微淘是移动网络销售与购买网络生活的融合。掌握技巧，熟练运用微营销，让微淘为自己和他人提供生活的便利。

第十章　微营销的能力培养 │195

微营销是建立在传统销售基础上的更加便捷、自由的营销通道。掌握信息工具和手机营销的特点，充分运用网络社交媒体，可以把生意做得红红火火。

第十一章　微营销要注意的地方 | 215

微营销与时俱进，每时每刻都在发展。处于不断发展的时代，需要不断更新完善做微营销所需的知识和技能，但是，真诚、爱、友谊等内容是不会变化的。

后　记 | 233

第一章　做微营销，成为财富赢家

微营销是一种新鲜事物，越来越多的人积极加入其中。微营销相对于传统营销而言，时间更自由，更能够创造幸福的人生。

什么是微营销

什么是微营销？

微营销是传统营销与现代网络营销的结合体，是通过预测顾客需求，引导可以满足需求的商品和服务（包括生产商、销售商的产品，要销售的项目、课程、价值观等内容）流向顾客，以实现组织目标、达到销售目的的活动。它通过传统方式与互联网思维实现营销新突破。

微营销是销售商的行为，是微商的行为，也是商品、服务甚至是价值观的销售行为。

微营销是相对传统营销的一种方式。相对于传统的广告营销而言，微营销传递的都是资讯，用户不停地接收这些资讯从而产生心理变化，最终接受产品。

近些年来，互联网的一个发展趋势就是微博、微信等社交化媒体的崛起。

国外有 Facebook 和 Twitter，国内有微信、微博、陌陌等社交工具。还有微淘①，这些信息工具成为生活工具，极大地改变了人们的生活，将人们带入到社交网络时代。

微营销当然不仅仅指微信营销，微信营销只是微营销的一个组成部分。微博、微信、微信公众号平台、微网站、APP 同时组合在一起也不是微营销，它们只是实现微营销的工具或方法。

现代通信手段构成的社交网络属于网络媒体，在社交网络如此发达的时

---

① 微淘就是手机淘宝。

代，营销行业也不可避免地要面对社交化媒体带来的深刻变革。

在手机成为生活工具的时代，微营销讲究用户参与，从开始阶段的参与到最终微营销的成功，都需要认识微营销的渠道。

微信、微博、微淘等信息工具微内容的到来，让整个互联网的内容变得碎片化，然后又因为无数的人共同进行网络生活而慢慢整合。

在微时代，个性化成了主流。

对于微内容信息工具的营销，更多地强调用户参与，通过群智、分享留下的痕迹，能够让市场参与者有效地定位用户行为，从而可以进行更精确的营销活动。

微营销，实际就是一个手机或者笔记本电脑构成的移动网络微系统。微营销 = 微信公众号平台 + 个人微信 + 二维码 + 商品或者企业产品的品牌微商城 + 微博 + 微视频（微电影）+ 微淘……

微营销就是将线上线下营销整合起来，线下引流到线上支付，线上引流到线下的实体店面体验和购买。

微营销是现代的一种低成本、高性价比的营销手段。

与传统营销方式相比，微营销主张通过"虚拟"与"现实"的互动，建立一个涉及研发、产品、渠道、市场、品牌传播、思想价值观传播的更"轻"、更高效的营销全链条，整合各类营销资源，达到以小博大、以轻博重的营销效果。微信营销、微博营销、微淘营销、微电影营销等是微营销的具体形式。

市场细分将随着电子商务的发展日渐彻底化。消费者通过网络、电脑、手机等工具，直接与生产企业发生联系，提出自己的个性化需求。企业产品、课程、项目、价值观等内容，可以根据每一位消费者的独特需求，进行"量身定制"。

微营销与传统营销手段相比，具有哪些突出优势呢？

第一，微营销是针对商品、课程、价值观等内容的销售，可以精准定位目标客户。

微信、微博、微淘上公开的用户数据中，有大量极具价值的信息。在社交媒体上，微营销者看到的不只是年龄、职业等一些表层的信息，他们通过分析一个具体的人发布和分享的内容，可以有效地判断出他的喜好、消费习惯和购买能力等信息。一部手机几乎控制了人们的大部分生活。微营销者通过对目标用户的精准定位以及地理位置定位，在社交网络信息渠道投放广告、宣传产品与其他内容，自然能收到比传统网络媒体更好的效果。

第二，微营销根据微信、微博、微淘等的大数据特性，可以低成本地进行舆论监控和市场调查。

微营销通过微信、微博、微淘渠道与方式，可以低成本地进行舆论监控。很多例子表明：微信、微博、微淘等社交媒体，在企业危机公关中发挥的作用已经得到了广泛认可。根据经验，负面消息都是从小范围开始扩散的，如果企业能随时进行舆论监控，就可以有效地降低企业品牌危机产生的不良社会影响。

我们来看一个具体应用：一家领带供应商如果在社交网站上发现有大量的用户寻找领带的信息，就可以加大领带的设计开发投入。在社交网络出现以前，这几乎是不可能实现的。现在，只要拿出些小礼品，在社交媒体做一个活动，就会收到很多的用户反馈，再根据反馈，制定适当的策略。要想参与的人多，就要策划得好，深入人心，有吸引力。

通过对社交平台大量数据的分析或者市场调查，企业能有效地挖掘出用户需求，这将为产品设计开发提供客观的市场依据。

微信、微博等社交化媒体，以及微淘等渠道与平台，让商品销售获得了低成本组织的力量。

通过社交网络，企业就能以很低的成本，组织起一个庞大的"粉丝"宣传团队，而"粉丝"能带给企业多大的价值呢？

我们通过小米手机的销售来说明——

今天，小米手机有着庞大的"粉丝"团队，数量庞大的"米粉"成为了小米手机崛起的重要因素。每当小米手机有活动或者出新品，这些"粉丝"就会奔走相告，做足宣传。以上常规活动，几乎是不需要投入成本的。如果没有社交网络，雷军想要把"米粉"们组织起来为小米做宣传，必然要花费极高的成本。

第三，微营销借助社交媒体的互动特性，可以拉近商品、项目、课程、价值观等销售内容与用户、消费者、受众的距离。

互动性是网络社交媒体相较传统媒体的一个明显优势，微营销事业能体验到互动带来的巨大帮助。

通过在传统媒体投放广告的方式根本无法得知用户的反馈，而官方网络或者博客上的反馈是单向或者不即时的，互动的持续性差。

在企业的官方微博、微信上，销售者和顾客是平等关系，这种沟通的平等性和社交网络的便捷沟通特性，使得企业和消费者、受众能更好地互动，打成一片，有利于打造良好的微营销品牌形象。

微信、微博、微淘等网络社交媒体与购物渠道是一个天然的客户关系管理系统，通过寻找用户对企业品牌或产品关注或者不满意的地方，企业可以迅速地作出反馈，解决用户的问题。

如果企业官方账号、微信个人账号、微博个人账号、产品账号能与顾客或者潜在顾客形成良好的关系，让他们把企业账号当成一个朋友的账号来对待，那企业获得的价值是难以估量的。

微营销比传统营销更能赚钱

古代典籍《易经》，就是在讲两件事情——

（1）发现规律；

（2）顺应规律。

微营销作为一种新型的营销方式，符合这个时代所赋予的规律，当微营销席卷时代，我们自然要顺应规律，做出正确的选择。

全球最顶尖的营销战略家"定位之父"杰克·特劳特讲道：

传统的营销模式是"自上而下"的：一个人要先确定做什么，制定自己的战略，然后再计划怎么做，落实自己的战术。然而，微营销恰恰与此背道而驰，反着做，先寻找一个有效的战术，然后把它构建成一个战略。

微时代，微信、微博、微淘在人们生活中如影随形。我们进入了一个"微"天下的生活空间，微营销成为企业、商品、课程、项目、价值观等营销内容的时代主题。

微营销是在大数据时代背景下，伴随着移动互联网的发展而出现的与时俱进的新型营销方式，这种方式获得了普遍认同。

微营销就是以微信、微博、微淘等为载体的新媒体营销。微营销有两大具体特征：

（1）以与生活分不开的网络、手机等信息工具应用技术为驱动；

（2）呈现一种"流行感冒病毒式"的传播方式。

比如，一家美容店刚开通微店时仅有粉丝60多人，通过一番策划，仅凭在微店上发出的一张帖子，就在短短的几个工作日之内吸引了上千名粉丝。其传播范围之广和速度之快，可想而知。

在一定意义上，微营销是对传统营销及传播方式的颠覆，是对客户关系的革新、感知能力的延伸、商业模式的更换、认知方式上的创新、产品运营上的整合以及产品外观与内涵的深化等。

传统营销方式强调"传播就是到达目的"。比较之下，我们看到微营销是"到达就是传播目的的实现"。

微营销通过微信、微博、微淘等传播手段，吸纳了更多的客户和"粉丝"，通过大数据，更加精准地向目标人群传递产品、课程、项目、价值观等内容和信息，当然最重要的是向客户展现消费者受益的场景，让客户产生购买欲，从而实现销售。

微营销根植于"大数据"时代的大数据，营销的意义并不仅仅在于通过大数据寻找客户。更重要的是，微营销通过对海量数据的整合、挖掘和分析，可以创造出新的价值。

微营销就是立足于微信、微博、微淘等社交网络渠道，利用数据驱动的营销策略，将数据使用到营销前、营销中来，把效果监测转变为效果预测，让产品、项目、课程、价值观等内容和服务，呈现在感兴趣的用户群体面前，实现真正意义上的精准营销。

我们不妨看一下小米手机的营销信息——

我们都知道：小米手机经过短短两年的发展，一跃成为全球知名品牌手机，公司市值高达43亿美元。

小米手机创下半小时内12万部库存一抢而空的纪录。

小米采用的神奇营销术，正是微营销的具体体现。

小米手机的微营销之所以能够成功，与它的三个特点是分不开的——

第一个特点，营销成本低；

第二个特点，渠道成本低；

第三个特点，预购模式零库存。

试想，传统的营销模式，怎么可能做到这三个突破呢？

过去一些大型手机厂家，每年营销广告费用高达数亿元，很多企业出现资金流断裂问题，其中一个重要原因就是广告支出比例失衡。

现在是一个显著的社交经济时代，移动互联网无处不在，口碑传播可以使产品、课程、项目、价值观等内容的用户呈现几何式增长。

在这样的生活环境与消费环境中，小米手机正是使用微营销的方式，聚集起了大批"粉丝"，不但使他们转化为忠实用户，还将这些用户转化为自己的超级推销员，不用花费巨资便可以大规模地对自己的手机产品进行口碑营销、量贩式宣传。

近年来，就像小米手机一样，不少企业和商家的产品、精神学习领域的课程、价值观等内容在微信、微博、微淘上走红，继而转化为大量的订单，这便是微营销值得推广的明证。

微时代，微营销是美好的生活方式

"做微营销不仅仅是为了赚钱，还是一种生活方式！"——可能很多人都听说过这句话，或者我们自己就说过这句话。

其实我们要提醒自己：少说些虚头巴脑的话，多说些大实话！做微营销不是搞度假，不能太浪漫主义。

我们都是活生生的人，在这个不可以男耕女织、自给自足的现代社会，每个人都首先是个消费者。

不赚钱，拿什么消费？无论什么样的生活方式，不以赚钱为前提，时间长了都会让人退避三舍。当然，我也不否认做微营销确实是一种生活方式，但还是那句话，要以赚钱为前提。

　　人们之所以会说也爱说"做微营销是一种生活方式"之类的话，是受我们这个民族长期以来存在着并且现在依然存在着的以赚钱为耻、以炫富为耻的文化基因影响。诸如"君子喻于义，小人喻于利""富贵于我如浮云"之类的先哲名言，大家从小就铭记于心。

　　直到近些年，人们才对金钱与财富有了相对正确的认知，即只要赚得合情合理合法，合乎道德，那么就算赚再多，也完全不必不好意思。

　　当然有些人比较异类，骨子里就是赤裸裸的拜金主义，但问题在于，赚钱有赚钱的规律，经商有经商的谋略，做生意有做生意的门道。并不是一个人拜金，金子就对这个人微笑。如果一个人没有相应的素养与能力，它只会嘲笑这个人。

　　我们知道，现在是移动互联网时代，是微信、微博、微电影、微淘等无"微"不至的微时代。有人甚至说，移动互联网技术相当于第四次工业革命。它究竟算不算，又在多大程度上算是第四次工业革命，这里姑且抛开。一个不争的事实是微信、微博、微淘等各类社交网络、生活信息工具的微平台早已通过改变我们而改变了世界。

　　与其说做微营销是一种生活方式，不如说由于微信、微博、微淘等信息工具与作为通道的微平台横空出世，我们必须改变以往的生活方式。

　　时代在变，人不能不变。

　　变，至少是个后知后觉者，踩着先知先觉者的足迹前进。

　　不变，只能是不知不觉者，不知不觉失去赚钱机会的失败者。

　　现在讲个身边的故事——

　　不久前跟一位朋友通电话，他是做皮衣生意的，经营传统的实体店，店面在南方一个商场。

　　我问他，最近生意如何？

　　或多或少能预估出他生意不会太好，因为现在微商、网商做微营销的流行，实体生意越来越难做，这不是他一个人的遭遇，而是整体趋势。

果不其然，答案是不好。

问他接下来有什么打算，比如开网店、做微营销之类，至少也要搞个O2O模式，先以线下带线上，再以线上带线下。

结果他完全没有这方面的考虑，并且说自己干这一行是靠天吃饭。

我对他的言语感到非常诧异：你又不是农民，怎么还靠天吃饭了？

他说："比如说吧，冬天到了，我囤了一大批棉衣，但最近南方温度偏高，谁也不买棉衣。要是老天可怜，就给我下一场大雪吧。"说到这儿，他还唱起来了："2018年的第一场雪，比以往时候来得更晚一些……"

这位朋友的歌喉，略过不提，重点在于，如果他做的是微营销，他不就不必靠天吃饭了吗？不受地域和季节影响，仅仅只是做微商的优势之一。

有些微商把生意都做到了国外，做全球的生意，无须困守一隅。

微时代，要做就做微营销。这或许不是最好的例子，但绝对是个值得警醒的例子。

很多人经常用"来势汹汹"形容互联网尤其是移动互联网对生活的干预与融合。其实，存在即合理。网络出现到现在，虽然只有短短十几二十年的时间，但它早已渗透到社会肌体的每一根毛细血管中。就像现代人遭遇停电会很不适应一样，让业已成形的互联网完全退出人们的生活，也是人们难以接受的。

移动互联网时代的互联网已经渗透进社会的每一个细胞，任何人的抵抗无效。更何况我们完全没必要抗拒这种潮流，我们应该做的是加入其中，在合适的时机，找到合适的位置。

古人云，识时务者为俊杰，马美美就是这样一个与时俱进的人。

2011年，马美美在一个服装城开了一个店面，已经做了3年，状况不好不坏。她高挑个儿，着装干练，说话声音温柔却又不失干脆，笑的时候嘴角就会翘起来，自信而优雅。2014年，当地迎来了小商品产业转型，商铺大面积调整，马美美的店铺也受到很大影响。批量订单的减少，雇员成本的增加，以及上下打点的事情，都压在这个女人肩上，让她心力交瘁，淘宝等网店对零售业的迅速蚕食，更让她的处境雪上加霜。

机会总是留给有准备的人。当年9月，早就在思索未来该何去何从的马美美开始接触微商。

当时马美美只有3万元的启动资金，对微营销也全然不懂，但用她的话说，"没关系，坚忍正是我的优点"。看到别人的朋友圈做得精致，她就琢磨如何拍照效果好；看到别人晒单，她就琢磨如何维护团队与客户……

她买了一书架的书来学习，每天规定要读几个小时的书，学习与人沟通的技巧和营销本领。她把电脑摆在餐桌上，一边自学，一边规划。上帝仿佛给她打开了一扇门，她走进去，但面对着更多的未知。

辛苦一年，靠着坚持和用心，她的团队迅速发展到300多人，也积累了十几万元的流动资金。但说到机会真正降临，还要等她接触到自己做的这个品牌。

微营销的成功离不开货源好、服务棒、朋友多，她做化妆品最大的优势就是货源好。货源好，在朋友圈发图就底气十足，加之价格比专柜卖得还便宜，这为之后马美美的发展打下了牢固基础。

2016年9月，马美美升为一个化妆品的省级代理。2017年3月，其团队就发展到2000余人，马美美升为大区总代理，收入比之前也翻了一番。在当地房价急剧飙升的几个月前，她为家人买下了一套130平方米的房子。

在微营销的江湖，宝妈们是不可忽视的一路大军，她们时间多，有想法，做事细心，又被孩子和家务挤占了大部分活动空间，正好适合做微营销。但实际情形并非如此简单，在带领宝妈们的过程中，马美美发现她们的学习能力和时间管理水平参差不齐，许多妈妈与新事物也有一定的脱节，接受能力更是高低不一。

马美美因人而施，创造了一对一的带队模式，在前行路上，让快的更快，然后让先进带后进，用她的话说，"只要耐心带领，用心学习，谁都可以成为销售达人"。

说到成绩，马美美很谦虚，她说这都离不开朋友们的帮助，这几年遇到了好多贵人。其实她自己又何尝不是贵人？也只有贵人会经常遇到贵人，她身边很多朋友都得到过她的帮助。她还帮助几个朋友进入微商领域，大家都摆脱了朝九晚五的刻板生活，收入与生活质量都有了提高。

总而言之：不做微营销，就会失去赚钱的机会。微营销是机会，要抓紧时间行动起来。

微营销让人既有前景，又有"钱景"

做微营销，活生生的例子是最好的证明。

我们继续用实例说话。

阿紫是个90后女孩，来自湖南，由于只有初中文化，又从小听力残疾，不能正常和人进行语言交流，所以她换过很多工作，从餐厅服务生到淘宝客服，再到网吧管理员。黯淡的前景让她一度很没信心，甚至连嫁人都不敢想。内向，自卑，长时间不与人接触，活在自己的世界里，让她患上了轻度自闭症。那时候的阿紫，对未来很是迷茫。

后来，阿紫发现在微信、微博里到处都是做微营销的，最初阿紫也很反感，屏蔽了很多微商。一次，她无意中在网上查了一下关于微营销的内容，当场跳出来很多条信息，有各式各样的产品和广告，有二维码推送……阿紫稍微浏览了一下，就加了她现在的领导刘倩为好友。之所以选择刘倩，是因为她团队的宣传视频让阿紫觉得很新颖，很真实，不吹牛。而让阿紫下定决心正式加入她团队的则是简单的几句话。当时，阿紫咨询了好几个招代理的微营销商人，问他们："如果我卖不掉，可以退货吗？"别人都是立刻回复"可以"。只有刘倩说："如果你还没开始就在考虑退路，肯定不会全力以赴，那样你就真的卖不掉了。所以我不会给你打包票，跟我合作，我会让你断了这个念想，一个劲地往前冲。我可以保证的是，不会让你亏本，前提是你放手去学，去执行。"简单的几句话，让阿紫当天就决定加入，直接打款拿货，开始了微商创业路。

所有的生意都是相通的，做微营销也如此，但对门外汉来说，刚起步时还真有点难。

阿紫明白，如果不天天守在群里学习，主动提问题，她会比其他新人吸收得更慢，毕竟她不能听语音，只能看文字。还好，在没有出单的那些日子里，她没有放弃。

两个月后，她招募到了自己的第一个代理，非常激动。谈单的过程称得上侃侃而谈，胸有成竹，当然这也是她两个月时间学习和积累的应有成绩。

随着时间的推移，她的零售额越来越多，代理也渐渐多起来。白天她边上班边兼职做微商，守群、卖货、解决问题，下班后就打包发货，晚上自我学习，并对代理进行一对一指导。

大部分人都睡了，她才有时间去做引流加人，"爬楼"把课程群里的一条条语音转成文字，做笔记，进行复习。

阿紫从来不觉得这样的日子苦，因为她看到了希望。

天道酬勤，在做微营销刚好满一年的纪念日，她辞去工作，全职做起了微商。全职意味着她可以花更多的时间在自己的事业上。

3天后，她拿出自己一年的积蓄，升级为省代，责任更重了。从此阿紫不仅是为自己而战，更是身后几百号代理们共同的期许。

很多做微营销的商人，他们赚了钱不是买房就是买车，买奢侈品。而阿紫从懂事开始就在想她为什么跟别人不一样，她也想听好听的音乐，想去唱歌，去看电影，跟别人语言交流，所以她赚了第一桶金后给自己花的最大一笔钱就是配了耳蜗，从此她就可以听见别人说话的声音了。这种激动开心是我们这些正常人无法体会的，但这对阿紫来说是最大的幸福。

2017年感恩节，是阿紫最难忘的日子，她终于走进了婚姻的殿堂。房子有了，钱也有了。结婚当天，刘倩从武汉开了一整天车来赣州参加婚礼，让阿紫超级感动。从最开始的坚持，到现在的坚守，她们早就从上下级合作伙伴变成了亲密的朋友。

诚如阿紫所说，畏惧比失败更可怕，在没有得到时就想着失去，终究不会得到，在没有开始前就想着退缩，终究没办法启程。一无所有便无所畏惧，因为那正是拼的理由。

阿紫不是能力最强的省代，但她肯定是最能坚持、最能吃苦、最想改变、最不怕失败的那一个，因为她本来就一无所有。现在的阿紫，很珍惜自己的事业和生活状态，因为它真的来之不易。

以上就是这个90后女孩的发迹史。

综合分析一下：阿紫有很多过人之处吗？其实没有。真有的话，就是坚持。换言之，做微营销真的不太难。

微营销行业内有句话：也许一个人真的不适合做微商，但不适合做微商的话，基本上也就不适合做任何事情了。

从业门槛低，这是微营销从业者的优势所在。

不可否认，目前仍有些人对微营销从业者抱持歧视心态，总戴着有色眼镜。没错，从事微营销的人群主要是工资较低的人士、大学生或者宝妈，但英雄不问出处，很多叱咤风云的人物都来自社会底层、来自普通人物。财富英雄就更加不问出处。

反过来，我们应该思考一下：为什么这些人愿意从事微营销呢？

很简单：工资较低者，经济与时间都不自由；大学生嫌自己那么大了还不能赚钱，而且也没钱花；宝妈们因为带小孩，没时间赚钱，同时又要花钱，整个家庭未来也需要不少钱……从这个角度看，不难发现，微营销是一个多么伟大的行业，解决了多少人的现实问题！

更重要的是，微营销从业者若经营得法，可以在相对快速的时间内赚到第一桶金，实现财富自由。

我们再讲一个案例——

有一位同学，她之前在一家软件公司上班，算得上待遇优厚。

突然有一天，她告诉朋友们，她做了微商，并且短短 3 个月时间，把珠宝微营销的流水做到了 300 万元。

做到她这种程度，当然有自己的队伍了，她当时已经有 11 个代理帮她销售珠宝了。

同时，她让朋友们看了她的朋友圈，并且告诉朋友们，自己是一个不刷屏的微营销商人。不刷屏怎么做微营销呢？

这正是笔者要告诉大家的：做微营销，要立体地展示一个人的正能量，将自己的产品、自己的知识、自己的情感、自己的为人立体地展示在朋友圈中。

朋友们看到这么有血有肉的一个微营销商人，是不会轻易把她屏蔽掉的。非但不会屏蔽，还会加入这样的团队，因为他能从中看到行业的发展和跟着做微营销的前途。

还是那句话：很难吗？

相信大家都能做到。

那我们为什么不能做个成功的微营销商人呢？

在家做微营销，享受自由富足的生活

作为微营销从业者，很多人图的就是自由，不用每天朝九晚五地去赶地铁和公交。有一台电脑，或者一部手机就行。在家里就能开展工作，甚至躺在床上也可以。可以边聊天边做生意，边逛街边做生意，在拥有一份工作的情况下也可以兼职进行，总之可以让自己完全自由地选择。每个现代人都希望能够实现自己的人身自由和财务自由，而做微营销恰恰能为我们提供这样一个机会，那我们为什么不做呢？

有一个比较特殊的榜样，她叫杨以诺，下面是她前不久一次发言时的现场录音：

大家好，我叫杨以诺，是一个化妆品微营销团队的创始人。我做微营销3年了，同时，我跟病魔抗争了4年。微营销不仅改变了我的命运，还给了我活下去的勇气。

我这样说，并不是故作夸张，因为我是一个肝硬化患者。4年前，我被确诊为肝硬化晚期时，已经到了腹水的程度。我的甲胎蛋白比常人高出700多个，我当时不懂什么是甲胎蛋白，当医生告诉我说那意味着肝里可能会有肿瘤时，我真正体会到了什么是晴天霹雳！我傻傻地站在医生办公室，手用力把住桌角，生怕自己站不住——我才34岁啊！

医生说：你必须了解自己的病情，配合我们治疗，因为你太年轻了。那天，我都不知道自己是怎么从医院回到家的。一路上，我从来没有那么认真地看过公交车外的风景，我突然发现所有的一切都是那么美好，就连夕阳都显得那么美！我开始羡慕公交车上的所有人，孩子、老人，男人、女人，甚至羡慕路边的乞丐，这一切在别人看来是平常的事，可对于我来说也许都是奢求了！

第二天当我的加强版 CT 结果出来后，医生激动得狠狠地拍了一下桌子说："太好了，你的肝里没有肿瘤！"可是这不代表我就没事了，尽管我真的是个奇迹，因为很多人甲胎蛋白高到 200 时就已经是肝癌了。医生建议我两年之内都不要工作，必须在家休养，还要一个星期打一针抗肿瘤的药。

从那以后，家里就靠我老公一人，高昂的医药费对我们这样的普通家庭来说，真的是承担不起。我感觉天都塌下来了，身体不好，状态也不好，心情非常低落，感觉自己是个废人，什么都做不了。

一次偶然的机会，一个朋友和我谈起了微营销。我是个落伍的人，之前连微信、QQ 都不会用，我对自己很没信心。后来朋友直接来家里手把手地教我，我的微营销之路总算开始了。不过我刚刚接触微营销时，就隐隐感觉到它会成为趋势。

而对于我这样的病人来说，做微营销，就好比抓住了救命稻草一样。我还能赚钱，这是我之前想都不敢想的事。何况我还不用出门，躺在家里就可以赚钱，我感觉这就像天上掉馅饼一样。

我当时的想法就是，哪怕一天让我赚一块钱，让我赚五毛钱，我都要坚持下去。以我当时的身体状态，哪怕一天能赚五毛钱，那都是值得骄傲的，毕竟是自己努力赚来的钱啊！

但因为当时一没有方法，二不懂沟通技巧，业绩不好，自己也很苦恼。直到两年前接触了现在这种化妆品的代理与销售，我的微营销赚钱之路才算真正开始。

公司有专业的培训和无忧的退货制度，使我在最短的时间内学会了怎么和顾客沟通，怎么加人，怎么管理团队……很快，我有了自己的团队，我的微营销之路不再是一个人独行！同时我也承担起了责任，带着我的伙伴们一起努力。

2015 年，公司邀请我们优秀市代去深圳体育馆看了一场万人演唱会。第一次看这么震撼的演唱会。那一晚，我激动得嗓子都喊哑了。如果没有微营销，没有产品代理销售这样好的团队，我这辈子恐怕都不会见到明星了。身边的亲戚朋友都开始羡慕我，我整个人的状态也越来越好。

我更加自信，病情逐渐好转。连医生都说奇迹发生在了我身上。只有我自己明白，我的今天都是做微营销给予的。

2016 年春天，公司邀请我们优秀市代去大学学习 EMBA，这是我人生的又一个转折点。我是初中毕业生，真的不敢想象我这辈子还有机会能进大学校园。学习那段时间，可以说是我这辈子最幸福的时光，我珍惜校园里的每一分每一秒，当我拿到毕业证书时，心里真是感觉无比自豪。

2016 年夏天，公司又邀请我们优秀代理去南洋旅游。不过医生担心我的身体会过于疲劳，不建议我去。尽管我听从医生的嘱咐，没有去南洋旅游，但我已经很满足了。有这么给力的公司做后盾，我可以放开手脚大干一场，所有的医药费我自己都能轻松赚回来。

2016 年 6 月，我用赚的钱买了 160 万元的产品，开了自己的化妆品微营销工作室，亲戚、朋友也全力支持我的化妆品微营销事业。现在的我，不但皮肤好，身体也恢复得特别棒。我的主治医师一见我就说奇迹发生在我身上了，我的病历被他写成了论文。但只有我自己知道，我今天的一切都是化妆品微营销给予的！

如果没有化妆品微营销这项事业，我不知道自己今天还能不能活在世上。是微营销给了我自信和活下去的勇气。是微营销让我变成了一个懂护肤、能赚钱、经济独立的女人，并且成为了家里的顶梁柱。是微营销改变了我的命运。感谢微营销团队不离不弃、一直跟随我的伙伴们。2018 年，我要更加努力，给自己定一个新目标，带着我的伙伴们一起把化妆品微营销做大做强！

做微营销，可以为很多在家的人提供创业的舞台，成全这一批找不到工作的人的尊严。

微信、微博、微淘如何应用微营销赚钱

随着微博、微信、微淘的兴起，微营销越发彰显出诱人的魅力。

在信息碎片化的网络时代，人人都是自媒体，每个人都可以作为信息的源头，具备传播属性。当这个信息渗透到社会化人际关系网络中时，就可能会引发大规模传播之势。

一、微博营销

微博营销是一种网络营销方式。每个人都可以注册一个微博，然后通过更新自己的微博，跟大家交流，或者分享感兴趣的话题，从而达到为自己所要营销的产品、课程、项目、价值观等内容找到购买与接受的消费者的目的。

对于产品、课程、项目、价值观等需要进行销售的内容来说，也可以直接为这些内容注册一个微博账号，这样我们就可以在任何时候，就自己感兴趣的话题更新自己的状态。

当然，作为一个微博账号来说，我们更新的内容要突出自己想要营销的内容形象，同时又要加入一些有影响力、吸引力的个性化内容进去。

微博的一个重要应用就是关注别人，当我们关注了某个人，他的更新就会显示在我们的主页上，这样我们就能很方便地浏览感兴趣的内容了。

同样，当别人关注我们的时候，我们的更新也会显示在他们的主页上，方便他们浏览我们发出来的内容，继而他们的粉丝也可以看到我们的状态。

微博这种社交媒体的信息传播方式，所带来的关注人数和品牌知名度的提升，是我们在自己的网站上花相同的时间经营无法实现的，这就是微博营销的优势所在。

在微博中，信息发布者又称为"博主"，订阅和阅读这些信息的访问者又称"粉丝①"，"粉丝"越多，说明微博越热，关注度越高。

同其他营销推广手段相比，微博具有很多得天独厚的优势。如果微营销者将这些优势运用得当，那么可以起到非常好的营销效果。

微博营销的 7 大优势：

（1）微博营销互动性强，微营销者能与"粉丝"即时沟通；

（2）微博营销能把企业形象、产品、课程、项目、价值观等内容拟人化；

（3）微博营销可以使"博主"与"粉丝"（用户）建立超越买卖关系的情感，有朋友一样的关系；

（4）微博营销可以帮"博主"主动吸引"粉丝"；

（5）名人效应和"事件营销"能够使微营销的传播量呈几何级增长；

（6）微博营销的信息发布便捷，传播速度快；

（7）微博营销的成本低。

一些企业把微博作为唯一的营销工具，却依然取得了微营销的成功。

一家化妆品公司刚起步时没有任何市场营销预算，仅凭一个微博账号，在短短一年内就拥有了超过 100 万的用户，在市场上大获成功。

这说明：微博为企业产品、课程、项目、价值观等内容，提供了与广大网络受众联系并建立良好关系的机会。如果我们的客户们都在使用微博，那么我们也必须要加入进来。

微博作为商业工具，可用于多种用途，比如营销、客户服务、招聘、市场研究等，但是最重要的用途还是提升与客户、消费者、接受者的关系。

---

① "粉丝"是英文 fans 的音译，指爱好者。

总而言之，微博营销是比较适合网络营销人员采用的一种营销策略，不单是因为成本低廉，还因为微博营销的立体化、高速度和便捷性。

二、微信营销

微信软件本身免费下载，使用任何功能都不会收取费用，使用微信时产生的上网流量费由网络运营商收取。

因为信息通过网络传送，微信不存在距离的限制，即使是在国外的好友，也可以使用微信进行沟通。

大家都知道微信相当于另一个 QQ，而不同于 QQ 的是，它的交友功能更具时效性，也更强大。

不论用户用什么手机，只要安装了微信，就可以进行跨手机平台的畅通聊天。

总体来说，微信具有零话费、跨平台沟通、显示实时输入状态等特点，与传统的短信沟通方式相比，更灵活、更智能且节约资费。

微信营销之所以受到人们的青睐，不只是因为它十来亿的用户数量。电视、网络媒体同样拥有庞大的受众群体，但是，利用这些平台进行营销，有时候效果远远比不上微信。为什么？究其根源，是因为微信拥有其他营销方式所不具备的独特优势：

（1）对受众的精准定位。

微信的受众集中在不同年龄段，微营销者可以根据不同人群的消费特点，对营销策略进行适当调整，从而使微信营销更有针对性。

在营销中有一个非常重要的原则：精准定位。

只有精准定位，才能花更少的钱，创造出更大的收益。定位首先应该明确的是，自己面对的是什么类型的受众？他们在哪里？微信可以使这些问题迎刃而解。

（2）订阅与主动推送模式。

微信不同于传统媒体与微博、QQ，它的订阅与主动推送模式，决定了微信公众账号可以向用户推送各种类型的消息，实现100%的到达率，这是其他平台都无法做到的。

传统的营销方式都是被动展示，电视广告就是一个典型的代表。它把企业产品、课程、项目、价值观等内容投放到电视上，但是无法决定目标消费群体、受众个体是否能看到。这些广告只能被动地等待着消费者的关注。通过QQ、微博等发送推广消息也是这样的，在发布完消息之后，下一步就无法掌控了。这条消息会被谁看到、会收到什么样的效果，完全是随机的。

（3）内容至上。

微信支持文字、语音、图片甚至视频等多样化的表达方式，多元化的表达方式决定了微信营销的内容也更加有趣、饱满，更吸引人们的注意力。

微信的这些内容在手机里是可以长期存在的，会带给受众（可能的消费者）持续的、一致的、连贯性的刺激。

微营销离不开内容的推送，推送的内容越精彩，形式越灵活，就越容易引起消费者的注意。

（4）相对成本低廉。

相比而言，电视广告通常要比纸媒广告成本更高，因为电视广告的内容更加丰富、多元，而纸媒的广告内容只能通过文字和图片来体现，相对比较单一。

相对传统媒体营销而言，微信营销属于低成本营销。

其一，注册微信公众账号成本很低或者免费，也没有任何门槛限制。

其二，微信公众账号向用户推送信息可以降低成本，只需要耗费一定的网络流量。

（5）沟通便捷。

微信能够实现企业产品、课程、项目、价值观等内容与用户、接受者、消费者的真正对话，沟通全在指尖上完成。

企业产品、课程、项目、价值观等内容也不需要引导用户去下载微信，因为微信广泛存在于用户的手机中，而且，微信还培养出了用户的使用习惯。

便捷的沟通、实时的交流，为微信营销打下了牢固的基础。

三、微淘营销

微淘就是手机淘宝。

互联网消费时代，微淘领域的消费也是惊人的。淘宝网在每一年的"双11"都会引发疯狂购买行为。

手机上微淘，更是打工族、大学生、白领等的日常生活行为。

微淘作为无线端引流和维护老客户的工具，对于做好无线端运营是非常有帮助的。很多卖家因为店铺的客户较少就不重视微淘的运营，其实这种想法是错误的。

微博运营要慢慢积累"粉丝"，才能够发挥意想不到的效果。微淘也是这样：努力耕耘，才会有好的效果。

第二章　微营销开发客户的诀窍

客户是微营销的对象，也是友谊桥梁的终端。获得客户的秘诀在于爱和尊重客户，为客户着想。爱能够让客户变得越来越多。一个有爱的人在做微营销时，会更有智慧地通过微营销传播爱。

微营销把客户放在首位

对于生产者、销售者来说，充分把握客户群体的需求，提供优质且适合消费者的产品、课程、项目等，才是正确出路。

要想获得消费者（也就是自己的目标客户群体）的认可，最重要的一点就是把消费者体验放在首位，思消费者所思，想消费者所想，采取消费者体验策略，抓住消费者的心。

第一，引导客户接受。

引导要有爱、耐心、智慧、策略、技巧。微营销要引导消费者开开心心、舒服地购物。让消费者的购物活动成为一种改善生活、完善自我的行为。

如何引导消费者心情舒畅地消费呢？可以给消费者适当的忠告与温馨的提醒，甚至可以根据消费者的偏好，推荐其可能喜欢的商品、课程、价值观等内容。因此，知道一些心理学知识，能更好地把握消费者的心理。

我们来看一个很好的例子：

上海一家服装销售公司在网络商品展示中推出了虚拟试衣系统。消费者只需根据自己的体型选择一位模特，就能确定适合自己的服装规格，从而避免了服装尺寸上的计算过程。消费者对服装合体性的判断因此变得简单。

同时，消费者还可以选择模特的肤色、发型、身高、体重以及眼睛的颜色、鼻子和嘴唇的形状等。这样，试衣变成了一种游戏，购物过程则成为了一种无比愉悦的享受。

第二，换位思考。

微营销要站在消费者需求的角度做产品、做销售。

做微营销，通过平台或朋友圈发布商品、课程、项目、价值观等内容，首先要全面而准确地送达，让消费者了解，消费者会辨认是不是自己需要的内容。

无论是在朋友圈发布信息还是在微信、微博、微淘上发信息，要全面展示。全面性主要是指展示中采用多种手段表现商品全方位的属性与特征，如文字、视频、虚拟模型等。

第三，品质至上。

微营销要在内容提供上与服务体验上，力争精益求精。

在现在的环境里，只有那些能真正刺激消费者感觉、心灵和大脑并且进一步融入其生活方式的体验，才会使消费者感受到强烈的震撼，才能真正俘获其感官甚至心灵，从而得到客户的支持和认可，获得消费者埋单。

微营销设计最有效的地方，是根据消费者偏好设计相应的主体，就为了让消费者感到舒适、受用，解决受众的需要。比如产品内容的设计，可以根据品牌定位、品牌故事、特殊节日等因素来拟定主题，烘托消费者特定的情感，触发其内心与网络购物环境的共鸣。

第四，互动友谊。

微营销打造销售者与消费者互动式体验。

微营销者与消费者、受众的互动可以更好地进行信息反馈。

不同消费者在相同的体验中所得到的感受也是不一样的，只有知道消费者的想法才有可能对商品体验设计做出改进。

收集受众的体验效果与反馈信息是产品设计的一个重要环节。

微营销时代，这些都不难，只要我们发出一个话题，并为消费者提供相互交流体验的平台，便可以将信息及时收集起来。

此外，消费者还可以根据自己的亲身体验做出评价和建议。

微营销的"打猎"秘诀

做微营销就像打猎,但是这种"打猎"目的不是伤害,而是建设。就像把一些需要帮助的动物带回来,给它营养和更好的生活空间,帮助它更好地生活。

微营销不只是在微信朋友圈、微博、微淘平台发产品图片、文字描述那么简单,它里面包含着营销策划、品牌策划及运营、销售方法和策略。面对如此复杂的流程,我们首先要做的就是为微营销制定一个明确的目标。

有目标才有方向。

有了目标,我们才能看清楚我们身在何处。

这个目标分为大目标和小目标,也被称为长远目标和近期目标。

长远目标是一个整体的规划。

近期目标可以是长远目标的一个个小的分解。

长远目标可以是指未来一年、三年、五年想要达到什么样的收入,用几年的时间去努力、去成功树立自己的品牌。

近期目标比如每月可以增加多少"粉丝"或者发展几个微信代理商等,这些小目标就像是迈向大目标的脚印,只有把每一步走踏实了,大的目标才可以实现,期望的那个美好未来才能够到来。

设定好企业产品、课程、项目、价值观等内容的微营销目标之后,需要将具体的目标拆解,按照步骤循序渐进。

具体来说,微营销的"打猎"规划有如下几个步骤:

步骤一:确定"打猎"对象。

微营销确定目标客户群体。

建立微营销策略，首先需要定位目标消费人群，结合自己产品、课程、项目、价值观等内容的特征寻找目标人群，然后对目标人群进行调研，充分了解目标客户群体。

打猎的时候，要分析打哪些动物、这类动物的活动区域、动物的性格爱好、动物最喜欢的食物，最后筛选动物。

是什么决定我们的客户群体？当然是我们的产品和服务，当然也可以根据客户群体的特点反过来设计我们的产品和服务。

精准微营销要做到定位精准。比如我们设计一款"耐磨足球鞋"，目标人群肯定是爱好足球、喜欢在足球场挥汗如雨的人。而且足球场地一般是草地，这类人也很少愿意花钱去室内场馆也就是木地板场馆，加之，足球就是高强度运动，所以"舒适性足球鞋""防臭性足球鞋"对于他们都不是那么重要。可见企业在确定客户群体的时候，一定要精准，这样才能达到精准营销。

步骤二：筛选"打猎"对象。

微营销细分客户群体。

比如我们打猎的时候，最好的方法就是用网，这样捕获的动物很多，但是有些动物我们又不想要，怎么办？那就改变网眼的大小，小鸟自然流失飞走，大鸟进入罗网。

对于产品、课程、项目、价值观等内容的微营销者来说，如何筛选客户呢？最主要的方法是价格调节，不同的价格针对不同的消费人群，如果做高端群体，就定出高端客户的价格。千万不要想着能把整个大群体的生意都做了，因为不同阶层的消费观念是不同的。

微营销要懂得"小网捞不到大鸟，大网捞不到小鸟"的道理，要想"打猎"收获多多，就要量身定做。

步骤三："打猎"的对象位置。

动物的活动区域，要调查得明明白白。

微营销要调查清楚客户群体的活动范围。

不同的客户群体有不同的特征，即使是同一客户群，消费能力、年龄等也会存在一定的差异。

我们拿"耐磨足球鞋"来举例。我们都知道足球爱好者有一双好的足球鞋非常重要，足球鞋的价格也不便宜，踢足球也特别费鞋，所以，足球鞋的耐磨性、保护性对于一个经济不是特别宽裕而且天天都厮杀在足球场的人来说非常重要。比如一些大学生、青年，他们是足球爱好者，这款足球鞋的定位就是这类人，所以这一款的足球鞋的忠实客户群就是大学生、青年群体。

真正找准客户的消费痕迹，并作出详细的分析，可以从他们的性格、社会阶层、年龄段、消费能力、兴趣爱好等入手。

步骤四：摸清楚"打猎"对象的性格爱好。

微营销要明白客户的兴趣爱好，性格特征。

分析目标客户的兴趣爱好和性格特征，是为了做出正确的决策，比如有针对性地设计产品、做宣传等。

当然，性格、爱好说起来很宽泛，要想分析也不容易，其实我们只要了解客户群的爱好就足够了，比如现在的老大爷、老大妈爱跳广场舞，这就是他们群体的爱好。

步骤五："打猎"对象最喜欢哪种食物。

这就是要知道消费者的根本需求。

消费者之所以选择我们做微营销的，是因为他有无法解决的烦恼，而这个烦恼，在我们这里刚好有能够让他满意的解决方案。我们的产品和服务能满足他们的需求，能给他们创造价值，这就是对客户最有吸引力的"饵"，就是兴趣与爱好所在。

精准定位客户之后，接下来就需要寻找合适的平台。

产品、课程、项目、价值观等内容需要定位自己的平台，我们的平台建立初衷是彰显品牌，进行宣传，还是立足于服务，为粉丝提供售后以及咨询服务，要提前考虑清楚。

微营销平台的内容意味着营养，有营养才能吸引"粉丝"。需要在这个平台上，展示营销的倾向点、特点和魅力。

微营销需要倾向于哪一类"粉丝"，需要倾向于哪一类活动，需要在什么时候群发推送，这一切需要做出详细的安排。然后需要建立执行团队和监督体系，保证执行到位。毕竟再好的策略没有去执行，也就失去了意义。

微信营销、微博营销和微淘营销的策略规划，对一个企业微营销发展至关重要。做好详细的规划并脚踏实地，一步一个脚印地去执行，最终一定能成为成功的微营销商人，做好微营销事业。

微营销清晰定位潜在客户

做好微营销的前提就是要清楚地了解消费群体、营销对象。

"谁懂客户，谁拿订单"的道理，相信所有的微营销者都非常清楚，难点就在于这样想之后，是否真的这样去做了，而且是否努力做到位了。

第一，与潜在客户先交朋友。

广东有个制衣厂的老板曾经说过：以前他们最担心的就是当年生产的服装款式，客户是否买账。现在他们利用微营销的立体网络，采用了设计师直接面对客户的方式，与客户零距离沟通，确定他们的需求后提供定制服务。与客户交朋友，了解客户的喜好，这种直接面对客户的商品销售模式，不但为这位老板节约了成本，也降低了很多风险。

大数据时代，潜在客户就在我们身边，我们也要学习广东的这家制衣厂，采用微营销平台，将身边的潜在用户都吸引过来。

微营销要善于利用消费者、客户感兴趣的内容，让他们成为我们的朋友，再用柔性的方式向这些人群传播产品、课程、项目、价值观等微营销内容的理念，最终增强他们和微营销的销售者之间的合作等关系。

我们经常与消费者联系和互动，这样销售者和消费者之间就不再是单纯的买卖关系，而是朋友关系。

每个人都可能成为我们的朋友，关键就看我们的产品、内容和服务能否给他们带来价值，而这也是销售者和客户共同努力的结果。

第二，进行精准的客户营销。

微营销商人要清楚找到潜在客户只是第一步，而不是目的，目的是对其进行精准的客户营销，这样才能牢牢把握他们。

精准定位客户，研究这个客户群的特点，设法使自己的产品、内容和服务满足他们的需求，从而创造客户价值。也只有这样才能将客户、受众、消费者的需求，转化为我们销售实现的价值。

更高的客户体验是以消费者、受众为导向，关注消费者、受众的个体体验是精准营销的真谛所在。

大数据时代，圈子也一样十分有效，只不过这个圈子在线上，而且更容易接近。

进行精准营销不只是找到圈子就已经足够，在消费者导向的时代，还需要注意关注客户的价值。只有实现客户的价值，让他们有了满意的客户体验，才能获得丰厚的利润。

微营销利用网络红人搭顺风车

微营销要善于利用专家、网络红人等名人的言行,来促销自己的产品、课程、项目、价值观等内容。

20世纪40年代,美国传播学家拉扎斯菲尔德发现:大量信息经过一些活跃分子的中转或过滤,形成价值判断,然后再传递给一般大众。这些活跃分子就是网络红人、明星、专家等名人。

网络红人、明星、专家等名人比其他消费者更主动、更频繁地提供购物信息。

什么样的人可以引导消费者的购买行为呢?

特定领域的权威专家,权威机构,具有良好个人形象与公众影响力的明星等名人,可以起消费带头作用,因为他们有影响力。

典型消费者也可以起到这方面的作用。

在微营销的产品信息和事件传播中,这些在网络上"一呼百万应"的名人共同发声,交相呼应,形成强大的舆论场,会产生巨大的影响力。因为这一群体在营销信息的口碑传播中具有重要的作用。

微营销的营销人员一直都在积极寻求自己的商品与网络红人、明星、专家等名人的联系,从而实现销售。

我们这里介绍几种相对普遍的寻找网络红人、明星、专家等名人的方式:

第一,培养专有的知名代言人。

对于一些专业程度不高的产品等微营销内容,其实符合代言人条件、能为产品销售说几句话的专家名人不少。一般这种产品的用户相当多。

我们具体来看:在化妆品行业的用户中,爱美的女孩特别多,喜欢分享的女孩也多，她们乐于分享自己使用的真实化妆品感受。

即使是难以找到产品宣传人、代言人的微淘店铺，也可以先聚焦到乐于分享的有一定影响力的人，然后让这些人逐步了解产品后再成为产品的代言人。当然，前提是产品必须具有竞争力。

第二，关注、研究、跟踪消费者的购买习惯。

关注、研究、跟踪消费者的购买习惯，是大数据时代特有的方法，消费者每次消费活动都会产生大量的数据，根据这些数据就可以很容易地分析出消费者的购买习惯等信息。

例如，在淘宝平台上，卖家可以精确地掌握分享自己店铺宝贝的用户信息，可以根据购买记录了解用户对自己店铺的喜爱程度。

根据这些购买习惯，微营销的销售者能够快速地找到有影响力的买家，并可以通过给予店铺荣誉、试用等方式让他们成为产品代言人、宣传人。

第三，充分利用搜索功能。

消费者对品牌的特性一般会给予一些关键词，我们从这个关键词出发便可以精准定位到消费者。当然这些关键词不能局限于与品牌和产品相关，还可以延伸到与目标消费群体的习惯爱好相关。

例如，鞋子生产企业的关键词除了跑步、旅行外，还可以是旅游、摄影等。

建立好关键词后就可以利用它们进行搜索，一般热度榜单上排名靠前的信息发布者都有可能成为我们产品的代言人。

让客户成为朋友

做微营销要开发微信、微博、微淘上的陌生人，使他们成为客户，并让客户成为微营销者的朋友。

微信、微博的成功之处在于创造了一个没有陌生人的世界。"沟通没有尽头"，因为微信、微博有数亿用户，微淘也有着无穷无尽的资源，这是我们做微营销的重要优势之一。

我们先提个小问题：

一个微营销者的微信朋友圈里现在有多少好友？这些好友当中有多少是和自己聊过天的？

看到这儿有些人可能已经在查自己的通讯录了，其实只需要一个大概的数据，比如好友数量大概 2900 人，聊过天的 2000 人；好友数量 600 人，聊过天的 450 人；等等。

我们根据以往的调研，发现了这样一个问题：微信好友比较多的人，聊天的比例反而较小。这是为什么呢？

很多人经常抱怨说什么做微营销饱和了，现在不好做了，天天发朋友圈也没人搭理。现在做微营销到底还能不能行？必须指出，行业还是原来的行业，特别是微营销刚刚兴起，不存在夕阳行业的情况，做得好与不好，完全取决于我们个人。

上面的数字很能说明问题。大家看一下自己聊过天的好友数量，就知道自己到底有没有用心做了。不要抱怨没生意，如果每天只知道疯狂刷屏，连朋友圈里的朋友都没有用心聊过，我们凭什么会有生意？不要一天天追着上级问什么加"粉"秘诀、引流秘诀，不去聊天，不去互动，加再多的"粉丝"、发再多的广告也没用。建议大家先把现有的好友都过一遍，然后再谈其他。

我们会教大家学习如何主动出击，告诉大家怎么去聊天，去和潜在客户产生交集，这是很多人会碰到却无从下手的问题。

与潜在客户产生交集的最有效方式是群发，而不是一对一沟通。因为一对一沟通成本非常高，非常浪费时间，如果把一对一沟通比喻为"钓鱼"的话，那么群发就像是撒一张渔网，可以大面积"捕捞"，并有效筛选。

当然，我们这里讲的群发，也不是我们通常理解的群发，不是诸如"我是××，现招商！来做我代理吧，公司搞活动啦！"或者"我是××代理，××节日吐血大回馈，买一送一"之类。这类群发只会让人感到厌恶，这类群发，发还不如不发。

我们所要讲的也不是大家经常收到的"早安，午安，节日快乐，求点赞，天冷了多穿衣服"之类的群发，这类群发是没有意义的，因为我们每天都会收到一堆，大多数人看到这些信息会直接删掉。所以，类似内容能不群发也不要群发。

不可否认，有的微商确实通过这种群发达成了交易，卖出了产品，招来了代理，但它的概率是比较低的，而且杀敌一千，自损八百。他们的思路是：我今天群发了一次，卖了 3 盒面膜，赚了 300 元，以后我每天都群发，一个月下来可以赚 9000 元，好开心呀！事实呢？我们群发一次两次可能是有效果的，但群发 30 天试试——至少有一半人会拉黑这个群发的人。这样群发，我们失去的，远比得到的多。

那么，如何进行有效的群发？

我们根据专业微营销的经验，总结出了有效群发三部曲：第一步，聊天混脸熟；第二步，取得信任；第三步，完成交易。

我们来看一个例子。

每当节日时，大家都会收到很多问候和祝福，当别人在群发"节日快乐"的时候，以往我们也在忙着群发，但是今后不用做了。我们要耐心地等到第二天，把收到的祝福全部回复一遍："昨天太忙了，没来得及谢谢宝宝的祝福！"如果加上些微表情，效果会更好，比如笑脸，比如嘴唇。当然，如果我们想让这些人更加注意我们，还可以发个小红包，金额不需要太大，

0.52 元就可以。

　　之所以这样做，是因为人们都在群发节日问候时，问候就不值钱了，也很少有人会回复。而我们不但回复了，而且是在特殊时间回复的，还给对方发了个小红包。对方会不会因此对我们印象特别深刻？

　　有人可能会比较心疼。群发 100 人，就要付出 52 元啊！但要知道，这 100 人当中只要有一个人对我们产生了好感或者信任，买了我们的产品或者做了我们的代理，赚回来的就不止这 52 元。

　　上面的例子，旨在启发大家的思路，大家可以从中获得灵感。更多的技巧需要大家自己去发掘，去实践。接下来，有必要讨论一下具体的话术。

　　来看下面这段内容：

　　在吗？

　　亲爱哒，问你个很有技术含量的问题，相亲时如何表现，才能让对方反感自己？🙈

　　这是分段式群发话术，也就是先发一条，然后再发一条。尽管这是群发的内容，但相比陈述句，会让对方觉得你不是在群发，而是在私信，一般人们会很乐意回复我们的。

　　而且大家注意看，这个问题是不是非常简单？不必疑虑，越简单的问题，越让人有参与感。相对论，一般人参与得了吗？当然这类问题也还是需要大家动动脑筋的，不要做复印机，要学会独立思考。

　　当我们发出类似上面这种分段式群发话术时，会有很多人与我们互动，因为快到年底，被逼婚、被安排相亲的人肯定不会少，会有不少人回复你。此时，我们要擦亮眼睛，成交可能就在眼前。

　　比如他可能会回复："你也被逼相亲了吗？"这里大家要注意一个字——也。这个"也"字透露了对方也有过这样的经历。换言之，你们已经有了共同语言，你可以从这个话题展开来聊，至于具体聊天内容，那实在是太多了。

比如我们可以问他："你现在脱单没？我朋友圈有好多单身的人，我们要不要建个群，把单身的好友都拉进来，看看有没有自己喜欢的类型？"通常人们都会回复说"好啊"，那我们是不是马上就拥有一个新群了？作为群主，如果我们不是拿不出手的那种，是不是接下来会有很多人加我们？我们的人脉圈是不是会像滚雪球一样地扩大？

很明显，我们已经超出了单纯的群发话术，只要拿捏到位，诸如引流、销售、建团队等任务，都可以帮你完成。

智慧存在于生活的每个角落，我们要学会思考，举一反三。

人们有权利选择听谁的，不听谁的。如果一个做微营销的人只是推销、推销、再推销，而不是像朋友那样给予、给予、再给予，那么就将失败，因为现在是消费者主导的时代，消费者已经不再接受强制性的"推销式"的做法。社会化网络的本质是关系，而不是"覆盖"，想想我们是认真地与一个消费者交朋友好呢，还是打扰一万个人，让他们拒绝你好呢？

我们需要考虑的是在大数据时代，如何与朋友圈的人做朋友、如何与客户做朋友，使微营销达到满意的效果。

与客户做朋友，要注意以下几点：

第一，考虑问题的角度是十分重要的。

作为一个微营销者，要记住：一切从买家角度考虑问题。

其实做微营销和做人的道理是一样的，要时常站在对方角度上考虑问题，让消费者有一个好的消费体验，实现他的消费价值。人是将心比心的，多为别人着想，才能做朋友。这样朋友才会成为我们的忠实客户，或者帮我们口碑传播，成为我们的推销员。让客户成为我们的推销员，关键是我们要从爱的角度出发来与客户成为朋友，要付出真正的感情。

一切从买家的角度考虑问题，这里的一切，首先是生产制造阶段。在生产制造阶段，广东那家制衣厂采用设计师直接对接消费者的做法，不仅可以省下一大笔设计费用，更重要的是充分听取消费者的心声，设计、生产制造消费者满意的商品。

在营销方面，我们要向客户展示最真实的信息，让他们充分了解我们的产品和服务。

在这个世界上，谁都不想被欺骗。即使有瑕疵，只要让他们知道，并不一定不被理解。

一切从买家角度出发，用心服务，把消费者当朋友，这样做在人情淡漠的互联网时代更加重要。

也许我们与客户没有见面交谈的机会，但只要我们站在他们的角度用心关怀，他们就能感受到我们的温暖。

第二，学会读懂客户信息后面的内容。

客户发布的信息对做微营销的人非常重要，从这些反馈信息中，我们能读懂客户的需求，了解客户对产品和服务的意见和建议。

个别做微营销的人不注重这些，因为我们没有重视，所以很多"微不足道"的错误引起了客户的强烈反感。

一定要注意：一旦我们没有听取客户的意见和建议，没有任何反应，不对产品和服务进行改进，往往就会失去我们的忠诚客户，导致销量大幅减少。

有效的微营销和公关策略能向客户提供富有吸引力的内容，从而促使他们采取行动。

第三，告诉所有人我们能做什么。

为了有效地利用微营销进行口碑传播，必须针对相应的人群实行精准营销。经过这些人的口碑传播，才能真正地告诉别人我们到底是干什么的。

当然这样做还不够，提醒大家还要注意产品的特点，只有这样的信息才容易被传播，这类信息有两方面的标准：一是产品有某种独特性，例如外观、功能、用途、价格上的特点等；二是产品有适合做口碑广告的潜力，可使广告变得朗朗上口。

第四，微营销者不仅是在销售，更是在传播价值观、思想、做人做事的理念。

朋友圈里面的人，从微营销人员身上获得的不仅是产品和服务，更是一种生活态度。所以，在销售领域，那些人性完美的、有智慧的、会传播爱的微营销人员，更容易获得成功。

很多有信仰的、有价值观的人做微营销更让人信赖，因为客户从有信仰的人身上更能找到信任感。

赢得客户的聊天技巧

微营销，一定要有说话技巧。

经常听人说，"会聊天就赢了"。怎样称得上会聊天呢？这个问题没有标准答案。但关于聊天，特别是微信聊天，以下几个关键点不容有失。

第一个关键点是时间。

分段式话术，最好以提问的方式展开。如果大家想聊情感类的话题，最好选择在晚上9点以后。因为晚上9点之后，人的意志力相对薄弱，情感非常脆弱，容易冲动和袒露内心，需要慰藉。

微信虽然不像银行一样早上开门晚上关门，可以24小时都在线，但有相对的高峰和低谷。一般来说，上午9点到12点，晚上6点半到9点半比较活跃，两者中又以后者最为活跃。我们想获得更高的关注度，就应该选择人们最为活跃的时段去发，而不能等夜里两三点钟大家都睡觉了再去发。否则会影响人家休息不说，即使有人看到，也只是几个"夜猫子"，概率太小了。

另外，微信群发不能太随意，不要想发就发。因为发得过于频繁会让对方反感，别人会感觉这个人怎么这么闲，天天问问题？太烦了。然后，这个人被拉黑。所以 1 个月群发最好不超过 1 次。

第二个关键点是工具。

工欲善其事，必先利其器。微信不就是一种工具吗？没有微信，我们怎么做微营销？做微营销，除了微信，还有一些工具也不能少。

比如大家群发的时候要尽量用电脑打开网页版微信。因为手机打字太慢，如果一个人群发的量比较大，根本就回复不过来。群发最重要的地方，就是微营销者要用心地迅速回复他们。

如果没有电脑，建议那些打字不快的朋友在手机上装一个讯飞输入法。它特别好用，人称"懒人必备工具"。这不是说使用它的都是懒人，而是说它实在太便捷了。简单来说，它是一个只需要我们动动嘴，就可以输入文字的软件。它的识别率很高，我们正常发音即可，它还支持方言，就算我们不会讲普通话也没关系，比我们用手打字快多了。

有电脑的人，建议制作一个快捷回复的文档并保存好，当有人回复群发信息的时候，我们就可以把早已编辑好的内容直接复制粘贴过去。这样做不仅是为了方便快捷，也是为了在群发的时候不让对方等太久，否则对方会觉得我们不礼貌：你问我问题，还半天不回答我，什么情况？当然了，如果担心自己的反应速度跟不上，群发数量可以少一些，30 人、20 人、10 人，都可以。

除了微信网页版与讯飞输入法，诸如微商水印相机、小 Q 画笔以及一些微营销海报模板等，都是很受微营销人员欢迎的专业工具。这些工具都不难运用，可以请教一下朋友或者百度，鉴于篇幅所限，这里就不一一介绍了。

第三个关键点是执行。

在沟通过程中，有些人可能会不喜欢微营销者，他们采取拒人于千里之外的态度，乃至直接删除微营销者。这是很正常的，不要因为一两个人不理自己就放弃。不喜欢我们，大不了不聊，删除他们就可以了。如果我们的朋友圈好友基数够大，贯彻执行上述方法一段时间后，僵尸好友的激活率会很高，朋友圈互动率往往翻几番。我们可能都听说过微博、论坛引流等，但是，如果一个人文案功底不是很好，或者根本就不好，那么还不如和朋友圈里的陌生好友多聊一聊。

通过与很多优秀的微商沟通，发现大家刚起步做微营销时，基本上每天所做的就是和别人私聊。不停地聊，聊久了，对方自然会关注我们，这样我们在朋友圈随便发什么内容他们都不会觉得唐突。

中心思想很简单，大家要学会给彼此一个联系的机会。在我们的名气不大，没有多少人主动加我们好友的时候，我们一定要想办法主动出击。如前所述，微信的成功之处，就在于它创造了一个没有陌生人的世界。

如何创造没有陌生人的世界？

首先是沟通。

原本都是陌生人，只有想办法跟他们聊天，和他们产生交集，他们才会关注我们微营销者的朋友圈，我们才有机会成交。至于聊什么，无论是群发群聊，还是私发私聊，能聊的东西实在太多，事业、生活、感情、爱好，什么都可以聊。有些人，刚开始可能并不需要我们的产品，只是需要别人陪他说话。但谁敢断言，他日后不会成为我们的顾客或者代理呢？

其次是符合。

我们问对方一些情感类的问题，比如前面提到过的被逼婚的案例，其前提是符合身份，符合自己的实际情况。也就是说，如果我们已经结婚了，还经常在朋友圈里晒孩子的照片，就不要再问关于相亲的问题了，人家一看就是假的，接下来就没得聊了。

最后是管理。

不是聊过之后就可以撒手不管了。朋友圈就像是我们的银行，必须好好维护，好好打理。这里只讲一些最基本的朋友圈管理，更多心法还需要大家自己体会总结。

比如，可以给回复我们的人备注上"YL"，也就是"已聊"的简写字母。

聊得不错的话，我们可以给他备注"YK"，也就是"聊得愉快"的意思。

当然还需要时不时地在那些聊过的人的朋友圈评论、点赞，一般来说，每周至少应该评论两次对方的朋友圈，混个脸熟。

再比如，每次群发都发到谁了，一定要用笔记下来。不然把同样的问题再次发给同一个人，别人一看就知道我们是编排好的，后果可想而知。

第三章　微营销的销售与成交

　　商品销售是"有体温"的行为，我们要让更多的人体会到，微营销的产品能给人带来温暖，使生活更加完善。

让每个客户都成为微营销的销售员

让每个老客户都成为我们微营销产品的推销员，我们只要投入一次就可以得到长期回报，而且老客户推荐来的客户，不像那些用折扣或赠品吸引来的客户那样以价格为重，也较少有购买完后悔的情况。

在微营销领域，可以看到几家欢乐几家愁。

为什么有的人微营销业绩平平，而别人微营销却赚得盆满钵满？

为什么有的人微营销的客户越来越少，别人的客户群却像滚雪球一样越滚越大？

是销售的内容没有竞争力？还是市场已经饱和，微营销做得不好者根本没有立足之地？

事实上，是因为微营销者没有去认真经营自己的关系，没有建立良好的口碑，没有让客户成为自己的推销员。

口碑传播有强大的影响力。

让忠实的老客户成为我们产品的超级推销员，我们做微营销的利润自然好得多，但微营销业绩也不会轻松地提升一倍、两倍、三倍甚至更多。

利用现在便捷的微信、微博、微淘等交流工具，不用投入资金，就可以立即增加客户数量以及利润。

微博、微信、微淘、微视频等信息工具被众多社会名流、媒体捧红之后，逐渐成为一种不可缺少的营销工具。

大部分销售人员会把大量的金钱和时间花费在开发客户上，而没有花一丁点的时间去维护客户，最后的结果可想而知。用传统思维做销售的人都很辛苦，因为要不断地和陌生人打交道，慢慢地，市场竞争越来越激烈，出现的瓶颈就很难突破。

有关数据显示，新客户开发成本是老客户维护成本的 6~7 倍，而新客户带来的利润只有两成。

为什么维护老客户不但成本低，而且效益高？

答案就是：我们只需要利用少量时间和营销费用便可以开发一个客户推荐系统，老客户不但重复购买我们的产品，更重要的是他们出于对我们销售产品的充分信任，会把我们的产品推荐给亲人和朋友。

社交网络工具对老客户的维护，换句话说，对打造客户推荐系统意义重大。这样不但节省资源，更重要的意义在于实时便捷沟通。这些工具有利于经销商让自己的消费者转变为口碑的传播者，成为实实在在的销售员。

我们来看一个例子：

微博刚出现的时候，有一家服装公司最早使用这一微营销新工具打造客户推荐系统。

在这家服装公司的微博页面上，就可以轻松感知他们对消费者巧妙的激励方式。这家公司开展给明星送围脖的活动，目的不是让明星记住品牌，而是让明星在他们的微信、微博中晒出自己得到围脖的心情。这些人是公众人物，所以信息传播得非常快。在轻松的互动游戏中，人们就自然而然地熟悉这个品牌了。

同样，一些名人、明星让"粉丝"在各大微营销平台上疯狂传播自己代言的这家服装公司销售的各种款式衣服的视频广告。这种微营销广告被誉为"最有感情共鸣的广告""最智慧的营销"。

在微博上，客户推荐系统是效果最好、花钱最少、风险最低、提升利润幅度最大的方法。免费表面上要花几个钱做活动，实际上，免费是一种舍得。舍得的辩证关系值得做微营销的人员好好思考。

生产者、销售者的价值就是为顾客创造价值。

微营销行业，当产品、课程、项目、价值观等营销内容，为顾客创造了价值时，微营销人员自身也开始变得有价值。

当商家不再处心积虑地思考如何掏空消费者的口袋，而是考虑如何塞满消费者的口袋时，奇妙的事情就会发生——消费者回报般地开始将真金白银塞满商家的口袋。

让消费者帮助微营销人员做口碑宣传实属不易。采用免费的策略才能很好地激励消费者。

微营销讲究"互动产生销售"，只有我们销售的产品、课程、项目等内容在微营销平台上经过转发、关注、评论，才能迅速扩散。

为什么消费者愿意转发、关注、评论？因为有利可图。

免费可以刺激消费者，使用优惠来刺激消费者也可以。这是一个人人都很忙碌的时代，免费用品也是销售者对接受者的一种尊重。

例如，商家可以给每款开展促销的商品定一个价，同时设置一个非常夸张的最低价。为了鼓励消费者参与互动，有人转发一次此消息，商品就会降低1元，在规定的时间内，转发次数越多，价格越低。

对于想购买商品的消费者而言，这是第一次被这样的降价促销方式所激励，希望通过自己和朋友的集体力量快速将商品降至心动的底线价格。

同样，不想购买的人碍于朋友的面子或出于善良的本性，也帮着转发，于是消费者自然一起发动亲朋好友，开始了"集体"的杀价游戏，这个商品的信息得以在微营销平台上疯狂传播。

最终，出现了双赢的结果：消费者得到了低价的商品，而商家则把自己的信息传播出去了。

如果品牌的线下销售渠道广泛、渠道销售经验丰富或促销活动频繁，那么可以把线上活动向线下引导，比如用优惠券、抵用券、折扣券等各种形式的线下优惠手段作为奖品，刺激消费和传播，引导促进线下消费。

针对目前的网络营销形式也就是微营销，免费同样奏效，还能发挥不凡的效果。互联网能够免费是由于数字化产品可以无限复制，其边际成本几乎为零，免费可以给微营销商家带来惊人的流量。

聚集人气，促使关注者互动分享起来，是微营销一直应用的策略，所以免费在微营销中可以应用，而且一定能起到很好的效果。

其一，免费能频频奏效的原因。

有人可能会想，现在生活水平逐渐提高，人们越发注重追求生活质量，那对于免费的东西会不会不再感兴趣呢？

免费除了满足人性贪婪的本质之外，同时还有两个重要的因素会对消费者产生影响。

第一个重要的因素是价值认知思维。

低收入者往往更在意商品的价值。而往往越富有的人，越善于计算商品的价值。

因此无论是有钱人还是中低收入者，在购买商品时都会先去衡量商品的价值，而免费商品无疑是具有绝对价值的。

商品的价值一般还是需要消费者自己去衡量，因为没人愿意被当作"冤大头"一样去宰。

消费者在购物时商品价格高低是第二思考因素，第一思考因素则是这个商品值不值得购买。

消费者对商品价值的衡量是最具决定性的因素。

消费者会选择最有实用价值的商品，而价值和商品的价格没有必然关系，或者说关系不大。

第二个重要的因素是保护自我利益的本能。

相比于商家，消费者在购物中处于信息不对称的弱势，更没有安全感，免费试用让消费者能够接触到产品，大大降低了消费者的风险，从而有利于商家的销售。

有人反对说，一些活动证明：很多消费者试吃试用以后，会扭头就走。

但有关数据表明：搞活动比不搞活动的成交率能提高11%左右。

我们来看一下销售茶叶的情况：

营销茶叶的时候，消费者本来没有购买计划，即使有也对大包装、价格不菲的产品持犹豫态度。在这种情况下，如果有免费赠送小包茶叶的活动，消费者收到免费快递的茶叶后，可以与销售茶叶的微营销人员通过微信甚至是视频直播，一边喝茶一边论茶，从而打消对产品品质的顾虑，敢于放心购买，微营销人员也在消费者不知不觉中达成了销售目的。

一般免费喝了别人的茶，吃了别人的东西，会有一种拿人手短、吃人嘴软的感觉，消费者多半不好意思拒绝，加之产品真的不错的话，在美味的刺激下消费者真的就会决定购买。

客户与消费者就是这样在免费体验中产生的。

其二，免费消费是杀伤力强大的武器。

作为微营销人员，我们这把"免费"武器肯定有切入到消费者心坎上的地方。消费者不仅喜欢低价，更加喜欢免费。

免费只是一种营销手段，其目的是赚取更多的利润。免费比以往任何营销手段更强烈地吸引着接受者，让接受者成为消费者，消费者也因为免费而更贴近我们销售的商品。

想要在激烈的竞争中成为客户的首选，就要和客户做朋友，这样才能成为市场上的赢家。这就要从免费上下功夫，客户得到快递来的免费试吃品、试用品，对我们的产品才会有所感受，才会把免费得到的感受和别人分享。只要我们的产品能满足消费者的价值需求，免费自然能吸引消费者，能聚集到我们在计划中期待的人气，并且把他们变成我们的超级促销员。

微营销平台才是产品真正的市场通道

微博营销是微营销的一种方式。产品、课程、品牌、项目、价值观，这些要销售的内容，不仅要使用微博营销，微信、微淘营销也要同时进行。

我们用某个品牌的营销来说明。

某服装品牌自2008年成立以来，业务发展迅速，秉承的理念是：平价快时尚即人民时尚，努力打造一个经得起客户体验的品牌。

这个服装品牌种类也由开始的男装衬衫等几十款，发展到现在的男装、女装、童装、家居、配饰、鞋和化妆品七大类。随着各品类的不断深化，逐渐成为网民购买服装的首选。

这个服装品牌没有一家实体商店，没有自己的生产工厂，没有任何分销渠道，销售渠道都在网上，他们支持全国所有城市货到付款、当面试穿、30天无条件换货。

一份调查报告说，这个服装品牌已跻身中国互联网B2C领域收入前四名，这在传统服装行业和电子商务行业都可以称为奇迹。

这个服装品牌之所以成功，得益于两大要素：一是平价；二是微博、微信、微淘的三微销售。这种说法无疑是最中肯的。我们甚至可以说，是微博、微信、微淘成就了这个品牌。

正是微博、微信、微淘为它的宣传造足了声势，知道微博、微信、微淘的人才知道有这样一个品牌，这就是一个品牌的微营销之道。

开始的时候，这个服装品牌只是鼓励员工把微博、微信作为一种与客户交流的工具，可连他们自己都没有想到，微博、微信却回馈给他们这么大的惊喜，到目前为止，这个服装品牌的微博、微信已经拥有了大批粉丝，它将热爱这个品牌的用户聚集起来，形成了一个庞大的集体，让拥有共同爱好、共同话题的人集结在一起，从而激起更多的火花，日益增长的粉丝数量也让这个品牌的知名度一路风生水起。

此时，这个服装商开始组织专门的工作团队着手微博、微信、微淘系列销售的管理，微营销人员团结起了一切可以团结的力量，来展开自己的微营销。

功夫不负有心人，微博、微信、微淘上的粉丝的确也在这个服装品牌的营销中起到了至关重要的作用。

这个服装品牌之所以如此成功，还要归功于成功的营销策划。

这个品牌是第一个测试新浪微博的用户，它给微博起了一个昵称"围脖"，顺势发起了向注册微博的名人、明星送围脖的活动。

虽然这次活动中赠送的围脖上没有任何的品牌标志，但是由于受赠的大牌明星、名人纷纷在微博上议论此事，晒出他们的围脖照片，所以，通过这次活动大大地提升了这个服装品牌的微博人气，使它在运营初期短短十个月的时间里，业务额快速增长，还先后获得了三轮投资，可谓是一次"本小利大"的成功营销活动。

为什么这个服装品牌能够在短短4年时间名满天下？我们根据大众的分析，总结了以下原因：

（1）微营销团队合作默契，具有较高的市场敏感度和卓越的执行力。

（2）客户体验至上以及高性价比的经营之道。

（3）技术领先，利用互联网整合先进的中国服装制造业。

（4）品牌文化顺应互联网时尚消费潮流。

这个服装品牌的强势微营销力量是怎么炼成的？

其一，微博、微信是免费而有效的平台，在这些平台上投放广告是这个服装品牌的主要营销方式。

在各大门户网站、视频网站上都可以看到这个服装品牌的广告，通过微博、微信推广商品是 B2C 营销的趋势，微博、微信是免费的推广媒体，为品牌的网络直销节约了成本。

其二，微博、微信、微淘的营销具有主动性，可以将品牌的活动主动传达给"粉丝"。

其三，这个品牌微博、微信、微淘营销的内容能够激发消费者的积极性。

三微平台内容促使消费者了解产品和促销活动的详情，并通过三微平台评价产品和服务，服装品牌反过来从这些了解和评价中形成数据，进一步挖掘消费者的需求，提供满足消费者需求的价值，从而建立了良好的买卖关系。

其四，这个服装品牌的微博、微信、微淘营销有多层次性。

微博身份的多层次性使各个层次的"粉丝"都能获得相关消息，比如校园代理主要负责大学生领域的活动宣传，个人微博则负责个人的"粉丝"群体的宣传，公司高层微博负责活动的方向和目标的宣传。这种多层次性同样也表现为顾客的层次，还体现了微博营销的等级策略，自上而下形成总体的营销格局。

这个服装品牌抢先一步占领微博的顾客资源，将多层代理与微博营销进行有效的整合，形成了庞大的营销体系，并配合诸多促销活动形成统一布局，从而更有效地传播信息，必然能在 B2C 竞争中占据有利的位置。

这个服装品牌在不断发展壮大，它带给我们的启示是要全面利用微信、微博、微淘等方式，多位一体地进行微营销。

杀熟、销售与成交

微营销成交也是从销售开始。

丰富的行业经验加丰富的客户资源，才能拥有丰富的销售成果，同时才能创造好的销售。然而，丰富的行业经验与丰富的客户资源，都需要时间累积。对于那些刚进入微营销行业的朋友来说，他们或许从事过销售，但经验和资源绝对不会太强大。

有人曾经讲过，一个人要是在传统行业有很多资源，做得顶呱呱，还用得着做微营销？平心而论，他说的有那么一点道理。可以说，很多微营销的还不如他，他至少从事过销售，而我们很多微营销人员根本就不懂如何销售，没有所谓的行业经验，有的甚至还没参加过正式工作，遑论丰富的行业经验与客户资源。

一没经验，二没客户，基本上就相当于没有业绩了。没有业绩倒是小事，万事开头难嘛，重要的是，长期不开单，会打击人的信心。我们提倡从熟人做起，道理就在于此。因为是熟人，就算我们策略不是那么精准，话术不是那么动人，也不会太尴尬，更不会遭遇刁难等。

我们来看下面这张图，它讲的是四级客源理论，其核心是引导微营销人员去发展客户，也就是客源。

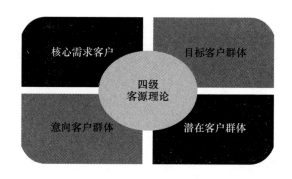

第一个板块是核心需求客户。

核心需求客户其实就是指最容易转化的那个客户群体，也就是出现任何事情都会第一批站出来帮助我们的那些人，毫无疑问，他们就是我们的亲朋好友。有句话说，兔子不吃窝边草，但我们说，聪明的兔子都要学会吃窝边草。

第二个板块是目标客户群体。

经过第一轮的杀熟之后，很多人遇到了瓶颈期。熟人该买的买了，该用的都用起来了，下一步怎么办呢？自己根本没有那么多客源。其实下一步就是对准我们的目标客户群体，他们基本上都是我们的同城客户。在第一波杀熟过程中，我们能成功，是因为大家都是亲朋，都有一定的信任感。进入第二阶段，我们就要通过聚会等社交方式，去通过我们的亲友认识更多朋友，再通过一些话题指引和社交活动增加彼此的信任感，从而达到成交目的。

第三个板块是意向客户群体。

这个板块也就是对我们的产品或者是对微营销这个行业有意向、有兴趣的客户群体。这个阶段是全面撒网的阶段，这时候要运用我们前面所讲的技巧，利用各种互联网平台，如 QQ、贴吧、豆瓣之类进行引流，然后再导入我们的微信，进行长期的"鱼塘养鱼"式的培养，最终转化成我们的用户或代理。

第四个板块是潜在客户群体。

这个板块是指对我们产品或者对微营销这个行业有潜在需求的客户。客户需求分具体需求和潜在需求。具体需求，是客户明确知道自己想要什么，需要什么，对此，只需对症下药就可以了。潜在需求，是指客户可能并未明显表现出来，看上去似乎很难挖掘的需求，但只要多交流，多沟通，它们是有机会被开拓和创造的。

看罢四级客源理论，回到我们说到的关键词——杀熟，也就是我们所讲的第一个板块。马云曾经说过：熟人买卖，微营销者卖给他多少钱，他都会觉得微营销者赚他钱，卖给他多便宜也不领情；微销售者的时间成本、运营成本对方都不看在眼里，宁愿被别人骗，让别人赚钱，也不支持认识的人，因为他心里总是在想，微营销者到底赚了他多少钱，而不是微营销者帮他省了多少钱。这种心理是典型的穷人思维。人要有富人思维。富人之所以富，是愿意照顾熟人生意，相互关照，福报自然会多。朋友支持我们，财运才会越来越旺。这叫捧场，这就是富人的思维。这段话表面看上去是一盆冷水，实际上是提醒我们，熟人的生意是可以做的。其实不少做微营销的人也坦言，自己之所以选择在微信、微博、微淘平台上做生意，就是因为微信朋友圈里、粉丝群体里面大多都是熟人，利用这个关系去进行营销推广，效果事半功倍。

有些人不敢去做熟人生意，原因只有一个——他卖的是假货。如果你能确保自己卖的是真货、好货，就不怕没有生意了。先从自己的熟人开始，比如我们的亲戚、朋友、同学、同事、邻居等。

有些人会说，我的熟人资源有限，并且都不能成为我的客户，比如说，我是男的，生活中的熟人就是一些哥们儿，他们都不用化妆品，怎么办？这里姑且抛开产品选择的问题不谈，其实身边熟人资源有限也没关系，可以借力打力。比如有一个朋友是网红，他本人虽然没有成为客户，但有一次销售者请他吃饭聊天时，他知道销售者做微营销之后，当即主动表示愿意将销售者的联系方式以及二维码通过直播推广给他的粉丝，结果很多有意向的人就通过他的直播找到了销售者。

不过，对于大多数人来说，"没有熟人"之类都是借口。如果想做微营销的人不想像他们一样找借口，那我们直接进入核心问题：如何具体开展业务？

来看一个真实的案例：

一个做微商两个月的小白，她拿到货之后，首先自用了一套，用完之后就给她身边的好闺蜜分享，分享完之后，用她的话说，产品很给力，闺蜜们更给力，一人拿了一套。于是她趁热打铁分享给自己的亲戚、邻居、同学等，她的一位闺蜜的亲戚也在她那里拿产品，也就是说做了她的代理，一系列连锁反应下来，仅一个月她的零售额就达到了三万多元。

这个成绩相当不错，她为什么能做到？关键点是什么？

其实有两点：其一，她就是那只聪明的兔子，也就是吃窝边草的兔子，杀熟的兔子，由于首批客户锁定在了她的朋友与亲戚，不需要花太多时间去建立信任，只需要去加持这份信任，也就是像她所做的那样，先自用，自己用了确实好再分享给朋友。她苦苦哀求别人了吗？并没有。销售是一个分享的过程，苦苦哀求也没用。我们一定要记住这句话：做微营销，做的不是推销，是分享。

分享什么呢？很简单，就是分享你自己真正使用完产品后的感受及效果，是什么你就说什么，再配上相应的如假包换的图片——这很难吗？

微营销 FAB 法则与运用技巧

微营销做的也是销售。

销售，说白了就是一个你买我卖的过程，但在微营销当中我们不难发现，销售没那么简单，不然我们就没法解释，为什么同等条件下，有些人能够开单，有些人不仅开不了单，还特别让人讨厌？

笼统地说，有些人微营销做得好，是因为他们了解销售。我有一个简单的总结，即微营销源自沟通。不沟通，无销售。不会沟通，也达不成销售。

请看下面这张图片：

  上图这种情况，很多代理都遇到过，也都是这么处理的，顾客问了下价格，然后再无下文。这样回答没有问题，但只要跟高手比较一下，我们就知道了如何回复更好。顾客问的是同样的问题，即这款产品多少钱？代理高手回答得非常巧妙，她不直接说价钱，而是告诉顾客"这个产品我也超级喜欢"，并且紧接着发问，"你是自用，还是送人？"对方回答是自用，但不知合不合适，还问代理自己用了之后感觉如何。很明显，高手的回答是成功的。这种成功源于她对客户心理的了解。顾客一开始就问价格，说明她们比较在意商品价格，如果我们的报价超出了顾客的预期，他们多半就不会购买。所以，作为一个聪明的代理，在告诉顾客售价之前，要先告诉对方产品有多好，而且越具体越好，这样一来顾客就会顺着我们的思路想，这么好，贵就贵点儿吧，有效果就好了——销售就这么达成了。

这个案例还告诉我们，很多顾客的真实想法不是他们口中所说的，也不是他们打出来的字，我们一定要学会深度解读、剖析顾客的消费心理。同时我们可以看出，不同的销售对话，可以产生不同的销售结果。换言之，我们应该在这方面下功夫。下面我们就来具体讲讲"FAB 销售法则"这一被销售人员广泛运用的说服技巧，以此提高我们的销售技能。

FAB 法则中的 FAB，对应的是三个英文单词：

Feature——属性

Advantage——优势点

Benefit——益处

再说得明白点：

F——产品的特点

A——产品的优点

B——受众得到的好处

有一个诠释 FAB 法则的经典小故事：

有一只特别饿的猫，独自在街上游荡，它想，要是能大吃一顿该多好啊！没想到心想事成，一位好心的销售人员突然出现在它面前，他看这只猫特别可怜，自己又恰好做了一张大单，拿了不少提成，于是就给了猫一摞钱，但这只猫无动于衷。销售人员见猫没反应，便和它说：猫先生，这一摞钱是能买到很多很多鱼的。但这只猫还是没有任何反应，趴在那里一动不动。好心的销售人员上前一步，再次告诉猫：猫先生，这一摞钱是可以买到很多很多鱼的，你用这些钱买了鱼就可以大吃一顿了。这话刚说完，猫就像疯了一样扑向那摞钱，高高兴兴地买鱼去了。

对那只饿了的猫来说，那一摞钱代表的是一个属性，也就是前面讲到的

F，代表的是我们的产品的特点。销售人员对猫说，这一摞钱可以买很多鱼。这是在告诉猫钱的作用，也就是我们前面讲到的 A——优点。最后，销售人员说这一摞钱可以买很多鱼，买到鱼你就可以大吃一顿了，这是对猫的益处，猫马上跳起来去买鱼。这才是一个完整的 FAB。

我们在微营销时，也要遵循 FAB 法则去介绍我们的产品。

首先，告诉顾客这款产品具备什么特点（F）。

其次，告诉他们这个特点有什么样的作用（A）。

最后，告知他们使用这款产品能带来什么样的好处和效果（B）。

如果我们只是单独讲一个点，顾客就会像故事中的猫一样，不是没有反应，就是反应平平。接下来，我们再来谈谈如何有效地运用 FAB 销售法则。

回到之前那个故事。

我们的猫先生买了鱼并且吃饱了之后，突然想见自己的女朋友了，恰好好心的销售人员又走过来说：猫先生，我这里有一摞钱，送给你，而猫没有任何反应。销售人员又说：猫先生，这钱能买很多鱼，买完鱼你就可以大吃一顿了。结果猫依然一点面子也不给，还是没有任何反应。

不妨试想一下，在刚刚的销售情景里，销售人员怎样说，才能打动那只吃饱了之后想到女朋友的猫呢？

首先我们要了解一点，这只猫它已经吃饱了，这时候再去跟它说给你钱你去买鱼大吃一顿，它没有反应就对了。为什么？因为它的需求发生了变化。针对它的需求，我们可以换一种说法了。比如：猫先生，我这儿有一摞钱，送给你，你可以买一套品牌化妆品，快过感恩节了，你送给女朋友，让她变得美美的，她一定会非常开心，一定会更爱你。

也就是说，我们在运用 FAB 销售法则时，要注意它的前提条件，那就是了解客户的需求。前面其实我们也说过了：不了解客户的需求，任凭你怎么说，客户都是没有反应的，有的只有敷衍。我们经常会看到一些销售人员，在卖产品时不停地强调产品怎么怎么好，效果怎么怎么样，站在他自己的角度说，如果产品确实不错，这么讲无可厚非，问题是站在顾客的角度，这是一种骚扰，他根本不需要这样的产品。

怎样判断一个人是否需要一款产品呢？

一般来说，顾客的需求来自两个方面：

第一，顾客会主动告诉我们；

第二，在与顾客交流、沟通过程中，从顾客身上获取信息，通过分析信息，给予引导，创造需求。

需求就像冰山，浮在水面上的只是很小的一部分，大部分潜在需求都隐藏在水下。需求需要挖掘，深深地挖掘。顾客买多少产品，取决于我们对客户的挖掘深度。

深入挖掘，离不开观察能力。以化妆品销售为例，我们首先要判断顾客的肌肤类型，怎么判断呢？可以观察她的面部自拍照片。之后要分析这种肌肤适合自己代理的哪些产品，做到心里有数。在告诉她应该用什么产品前，要先询问她平时是怎么护理的、都用哪些产品等。顾客回复时要用心聆听，借以了解她的护理程序和她的消费能力，最后再综合顾客反馈的信息，运用自己的专业技能，加以引导，给出合理的建议。

事实一再证明，顾客最讨厌那些喋喋不休、完全不在意顾客想法的人，顾客最想听到的是他能得到的利益和好处。当然，凡事要以事实为依据，我们不能过于夸大产品功效，不然后续工作非常难做。另外，介绍产品要尽量简洁易懂，有些专业话术并不绝对有效，甚至会起到反作用，毕竟客户的水平是参差不齐的。最后强调一点：使用FAB销售法则时，不要自己一个人在那里自嗨，只顾自己说得痛快，顾客却完全没有反应。做销售，首先要与顾客产生共鸣，然后才能引导。

沟通顺畅，微营销不难

我们说过：微营销做的也是销售。

销售是什么？

我们给销售下过好多定义，虽然每次都不同，但每次都有说服力。这很正常，因为销售没有绝对的公式与定理，我们在这里谈的只是销售精英们对各自成功经验的总结。

很多人觉得，销售就是卖东西，比如卖房子、卖保险、卖护肤品等，其实不是。销，是销自己；售，是出售商品。从本质上说，是出售一种感觉。当我们去购买一件商品，但还没开始使用时，买的只是一种感觉，也就是销售人员描述的那种效果的感觉。所以，做好销售，第一步是把自己推销出去。

有人问：为什么我在朋友圈卖不出东西，还被屏蔽？很简单：你没把自己推销出去。

怎样把自己推销出去？

首先，要学会刺探对方的军情。

也就是说，在介绍和售卖我们的产品前，要完全清楚地了解顾客的需求点，不要盲目进行推荐。盲目推荐是一种硬推销，必定导致顾客反感。

我们可以运用顾问式销售，去刺探军情。也就是通过问答了解顾客的需求，然后再向顾客介绍我们的产品。利用此法，要掌握以下三个字：看、问、听。

第一是看，我们可以看他的朋友圈。看他晒的照片和状态，基本上能大概知道他是个什么样的人，比如他的生活水平、喜欢去的地方、生活习惯、性格特点、兴趣喜好等，都会有一个初步的了解和判断。

接下来要深入了解对方。这时候就需要我们来发问了。但很多销售人员经常进入一个误区，那就是：我们做什么行业，就喜欢去讲我们的行业。比如我们卖化妆品，就会去问关于化妆品方面的问题，聊来聊去就是我们的商品，其实这是没学会聊天，更没有学会问问题。问有两种，一种是开放式的，一种是封闭式的。比如："你用什么化妆品？"这时候他会有很多种回答。"你喜欢用美白洁面乳吗？"这时就只有"喜欢"和"不喜欢"两种答案。这两种问法，各有优点，必须熟练掌握，灵活运用，才能达到理想效果。

第二是听。听也有两个要点：多听少说；让对方多说。对方说得越多，我们获得的信息就越多。

第三，要快速回复别人的问题。

如果在聊天过程中不及时回复对方，肯定会让人觉得我们不重视他，太敷衍。对方说的时候，我们可以偶尔用表情表示我们正在认真地倾听。

完成这三步，我们也就获得了对方的基础信息，接下来就能根据这些信息做出对方对需求的判断，为我们接下来的销售做好准备。

其次，要学会聊天。

我们原先在美容院培训美容师时，发现很多美容师专业知识并不优秀，但业绩非常好，特别会卖产品，原因就在于她们很会聊天，跟对方巧妙地拉家常，聊着聊着就卸下了防备心理，最后聊到商品，顾客很开心、很乐意地就购买了。

再举一个简单的例子：我们去买东西时，相比售货员的推荐，是不是更相信朋友的意见？

我们也可以就此推导出：当一个人成为卖家时，如果能与自己的顾客快速拉近距离，让对方觉得销售者是他的朋友而不是陌生人，销售就不难达成。

在这里要强调的是快速拉近距离的要点，那就是在聊天过程中尽量让顾客觉得销售者与他是一类人，因为能成为朋友的人，一定是某方面很相近的人。所谓不是一家人，不进一家门，说的就是这个道理。比如，很多人都有过异乡打工的经历，那么我们在逛街时遇到的商家是自己的老乡，是不是会很激动？

那么，都聊些什么，从哪儿聊起呢？

刚认识的，我们可以聊完全无关的非销售话题，比如朋友圈的内容；再深入一点，聊顾客身上的非销售话题，他的穿着打扮、孩子、生活上的问题、工作上的事情等；深入非销售话题，一般老客户才会聊，可以聊他的家人、婆媳关系以及私生活等。以上就是聊天的三阶段，原则是刚开始时聊最简单的，完全无关的，然后一步步慢慢深入，由浅入深，逐步卸下防备心理。

销售过程中不可避免地会遇到各种各样的拒绝或者异议。拒绝也好，异议也罢，往往令人茫然，不知道该怎么继续跟客户沟通交涉，最后很多人因此失去了做微营销的信心。其实拒绝很正常，只要找到客户拒绝的原因，再对症下药，成交并非不能达成。

有一次买房者去看房子，本来很中意那个楼盘，很想买那套房子，但考虑到买房是大事，所以非常仔细地看房，结果挑出了一些问题。比如了解到不远处有个电池工厂，于是买房者问售楼人员："这附近是不是有个电池工厂？"结果那个售楼小姐说："我也不知道，你们到底买不买？"买房者和妻子都非常恼火，这什么态度！就算买房者再喜欢这里的房子，也不想买了。这个案例告诉我们，问题总会有的，也总是能解决的。掌握并运用一定的技巧，就可以反败为胜。反之，过于情绪化，缺乏基本的职业素养，到手的鸭子也会飞走。

面对拒绝或者异议，首先是倾听。要听听客户到底在想什么，如上面的例子中问销售人员附近有没有电池工厂，潜台词就是这会不会影响附近的环境。如果确实有，那么作为一个销售人员，首先要赞同，然后进行解释，再讲理由，比如电池工厂虽然存在但未必会构成环境危害等。

再以做微营销为例：假如有人问，做微商赚不赚钱？如果我们马上回答：非常赚钱，肯定赚钱！别人会有异议，觉得我们是在忽悠人，毕竟现在那么多做微营销的人，行业无秘密可言。其实这时候我们应该说，我开始做微营销时很迷茫，也非常累，但后来我找准了方向，有了信心，也学习了很多，渐渐地招了几个代理后，自己就稍微轻松了点，也能赚到更多钱了。而且自己开始的时候只投了一点点钱，相比现在的收入，这真的是投入少回报多，适合每个初期创业的人。

也就是说，我们要学会扬长避短，把负能量转化成正能量。紧接着可以问他：你觉得微商和线下实体店，哪个投入少？哪个风险小？经过几个封闭性的问题，客户就会消除顾虑。如果还是有异议，那么就需要及时调整销售方案。其实，顾客往往不在乎我们说什么，而是在乎我们怎么说。记住这句话：我们说话的态度，决定了顾客的态度。

售后比售前更重要

微营销也是这样，售后比售前更重要。这不仅是站在消费者的立场上而言，也是站在销售者的立场上而言。理论上讲，对商家来说，售前与售后同等重要。然而从消费者的角度看，由于各种不专业，售后远比售前更加重要。以买车为例，大部分人买车前无非是看看车子外观好不好，配置怎么样，空间大不大等，等到交完钱，开上车，特别是出现了这样那样的故障以及必须定期保养时，才知道这里面的水很深，弄不好就被4S店割肉。可以想象，这样的销售实际上是两败俱伤的销售，顾客肯定不会再相信商家了，上当就上一次，就算下次依然上当，那也得换一家。商家呢，声誉受损，生意下降，弄不好还要承担法律责任。

人们为什么提起中介就痛骂？因为大多数中介售后服务做得不好。签合同前，叫对方大哥，等对方交完费，中介摇身一变成了大爷。人们为什么买家电要选择海尔等大品牌？一是质量过硬，二是售后服务过硬。前者是必需的，但再好的产品也难免发生故障，这时候，后者就显得很重要了。

做微营销，尤其是在人们依然戴着有色眼镜看待微营销的今天，尤其是在很多做微营销的人员不争气或者无意中败坏了行业风气的当下，我们成交之后要做好跟进服务。

没有售后服务的销售，就是失败的销售。

良好的售后服务是一种无声的销售，它不仅非常重要，也会带给做微营销的人意想不到的惊喜。

如何做好售后？

首先要给那些买过我们产品的客户建立档案，就是会员资料。服装行业、餐饮行业、美容行业为了更好地发展和锁定顾客，都实行了会员制，方法很简单，比如通过提供一些优惠，或者通过积分兑换礼品的方式吸引客户注册会员信息，很容易上手。

建档时，可从客户购买的产品入手进行资料登记，再录入包括姓名、电话、地址、年龄、生日等在内的基础资料，然后是客户与产品的关系，比如皮肤状况、发质等以及家庭状况、职业等。等客户过生日的时候，我们可以给他一个生日特惠或者小礼物。

千里送鹅毛，礼轻情义重，谁说我们与客户仅仅是买与卖的关系呢？至少这个小行为说明我们是把对方当朋友看的，即使是小礼物，也是一种心意，客户收到会非常开心。如果我们能长期让对方感受到这份心意，对方会觉得我们一直在关心他、关注他。时间久了，对方也会把我们当成朋友来看待。

其次是用心关怀客户。有人说，我不都送他小礼物了吗，还怎么用心？拜托，那即使算用心，也只是套路好不好？怎么做才称得上用心关怀客户呢？

作为一个微营销的销售人员，我们觉得在客户成功向我们下单买产品时，不管他是微营销者的亲戚朋友还是陌生人，第一时间要做的就是告诉对方产品的正确使用方法，并且一定要是私人定制型的。以化妆品为例，我们必须根据对方的皮肤状况告诉他怎么去用，一来这会给人专业的感觉，二来这是用心的具体体现，用得好，对方一定会感激我们，并且会主动给我们宣传。

有些客户可能比较有个性，对他们，我们要有耐心。比如有一个朋友他是做股票的，他的一个朋友见他很赚钱，也想做，但这位朋友一来比较忙，二来比较自信，居然在没有任何理论基础的情况下就开了户，然后玩得不亦乐乎。这个朋友很担心，有机会就对他讲，股市有风险，投资需谨慎，并主动将一些基本知识和常用的理论技巧发给他。对方呢，并不领情，甚至有些厌烦。按说朋友应该识趣，人家愿意赔就赔呗，他自己的钱，跟其他人有什么关系？但这位朋友不这么想，在他看来，如果不是因为自己的缘故，朋友不会进场。既然如此，自己就有责任，尽量不让他亏损。后来，当对方开始亏钱时，才深刻认识到自己的不足与朋友的苦心，主动向朋友学习起来。讲这个案例的意思，是说所有做销售的人都应该向这位朋友学习，学习他真正为顾客负责任的意识，他是明明不需要负责依然选择负责，而太多人却只对自己负责。这里要提醒一下，很多人都会觉得，客户是我们的亲朋好友，就不需要那么麻烦了吧？其实这个观点大错特错，不可否认，很多亲戚朋友最初都仅仅是出于支持我们才会买我们的产品，那么，我们更应该服务好他们，不能因为他们是熟人而疏忽懈怠。熟人也是应该尊敬的客户，绝不能厚此薄彼。

做了微营销后，我们会发现，最先相信我们的是陌生人，最先屏蔽我们的是好朋友，最先删除我们的是酒肉朋友，最看不起我们的是同学，最为我们惋惜的是亲人。当某天我们发达了，每当聚会我们花钱请大家吃饭，玩乐的时候我们会发现，除了陌生人不在，其他人都在……这只是个段子。其实，人间自有真情在，真朋友终究是会支持我们、理解我们的，好朋友是不会屏蔽我们的。做服务，也应该从服务好朋友开始。如果我们做微营销的连好朋友都搞不定，那还谈什么陌生人？

核心还是"用心"二字。不管是亲戚朋友还是陌生人，只要我们用心去做，付出总会有回报。

最后是定期回访。

还以化妆品为例——并不是因为我们只会讲化妆品，而是因为化妆品相当于微营销行业的大宗商品，对很多读者有直接的帮助——在顾客使用产品的前3天，我们应该每天询问对方的使用情况，效果如何，体验怎样，是否满意？我们一定要主动，并基于我们的专业素养问顾客一些细节的、有深度的问题，比如刚开始用时皮肤有没有什么不适的地方？如果有，到何种程度？由于刚开始换护肤品大部分人的肌肤都有适应期，所以没什么大的不适的话就告诉对方要坚持使用。一周之后可以再次回访，问问对方，使用一周了，可有些改善？有没有觉得皮肤稍微细一点，嫩一点，润一点？要告诉对方应该继续坚持，给她继续使用下去的信心。当然不一定让话题局限于此，我们完全可以把顾客当朋友，分享自己的生活。3个月后，基本上一套护肤品就用完了，这时候要重点回访，记住一定不要只想自己，别除了让对方买货就再不知道其他，至少我们应该告诉对方，如果效果不是特别明显，还可以做有针对性的调换。

一定要把客户当朋友对待。我们把客户当朋友，客户才不会把我们当成只想翻他口袋的奸商。朋友是需要维护的。维护好自己的老客户非常重要，因为他们身后有千千万万个客户，把一个客户服务好了，他自己会对你深信不疑不说，还会介绍给自己的朋友。或者当他觉得这个事业机会不错的时候，还有可能和我们一起合作，做我们的代理。

第四章　微营销的招商逻辑

做微营销，就要招商，招商是与有缘的人一起合作，共赢精彩人生。招商的人数越多、规模越大，友谊与爱就越多，让人生充满乐趣与成就感。

招商要找对人

有一个朋友好书成癖，工作是写书，爱好是读书，兴趣是买书。由于种种原因，前些年他过得不太好，物质不太丰富。有一次去他家，恰好赶上他爱人发脾气，说他既没钱又没情趣，还拿他的一个老乡作比较，"你看看人家小王，虽说也没钱，但业余时间多丰富啊，没事就去钓鱼，还能改善生活……"朋友波澜不惊，回复道："我要的是改变命运，不是改善生活！"

绝大多数微商也是带着改变命运的想法，而不仅仅是赚点零花钱的心思加入微营销的。但是改变命运何其难也。尽管我们知道，梦想本来就是要穿过一段充满嘲笑和鄙视的荆棘，但遭遇拒绝删除乃至拉黑，心情不好倒在其次，关键是它会让人怀疑自己，怀疑微商这份事业。

其实完全没必要，既然微信有拉黑这个功能，那人家拉黑我们也好，我们拉黑别人也罢，都很正常。我们必须认识到，不管做微营销多么红火，也不可能全世界的人都来做微营销，就算有人不了解微营销，不想做微营销，甚至反感微营销，只要做微营销是合法的，那么终究会有人来做微营销。

拒绝和拉黑都很正常，我们也经常遭遇拒绝或者拉黑。它从侧面说明一个人努力了，不努力去加好友，不努力和陌生人沟通，拒绝从何谈起？拉黑从何谈起？而从正面看，我们固然遭遇了拒绝和拉黑，但同时也有不拒绝我们的人，非但不拉黑我们还对我们心怀感恩的人。坚持下去，总会遇到对的人，终究会越来越好。

我们要了解人性，要挖掘客户的潜在需求。不能上来就说潜在客户不是我们的"菜"，不能说对方对微营销绝对不感兴趣，或许他们原本是我们的"菜"，是我们不懂他们的心，未能恰到好处地与之沟通，适时引导，才导致了资源流失。

以下是在结合自身经验与其他微营销大咖的经验基础上提炼出的一些招商逻辑，做微营销的朋友们不妨一试！

第一，工作分析法。

世界上的工作大致可分为三种：负累积性的工作、没有累积性的工作、正累积性的工作。

负累积性的工作，越做越失败，越做越难以提升，一切吃青春饭的职业，都属于此类工作。从事这类工作的人士到了年龄关口必然会面临转行，比如服务员、收银员、文员。在具体沟通时，如果对方还没到转行的年龄，是不是就没法谈下去了？错，我们可以劝他提早转行，或者至少先干个兼职。

没有累积性的工作包括操作员、公务员、教师、化验员、司机等，他们工资稳定但涨幅很慢，很多人都想过换职业、找项目，或者兼职做一些事情获取一些额外收入。跟他们聊一聊收入和买房、买车的距离，帮他们做一份残酷的分析，他们就彻底绝望了——只能选择换行业、换工作或者找一些兼职来做做了。

正累积性的工作除了作家、医生、官员外，基本上就剩下自主创业了。移动互联网为我们提供了自主创业的完美渠道，加之现在是"粉丝"为王的年代，未来任何个人、企业，没有"粉丝"发展起来都会很困难，甚至会遭遇瓶颈，"粉丝"积累得越多，我们的价值就越高。而通过移动互联网创业，做好个人品牌，积累好"铁杆粉丝"，做微商才是王道。

对那些不满足现状的人来说，当我们把这份工作分析清单摆在他们面前时，他们还有什么可犹豫的呢？

第二，抱怨放大法。

柏杨说："别抱怨，抱怨还不如自行车胎漏气的声音有意义。"但人们总不免抱怨，而且，有些抱怨，我认为叫批判更恰当。我们要试着理解那些抱

怨的人，应该认识到，人们对工作有抱怨的时候容易换工作，人们对合伙人
有抱怨的时候会寻找其他合伙人。当我们遇到抱怨的人，不妨把抱怨作为杠
杆，放大对方的抱怨，同时让对方认识到选择工作以及从事什么样的工作是
自己的自由，不必受人控制，更不必在乎别人的眼光。对方会自己衡量，是
马上投身到微营销团队，还是继续生活在抱怨中。

其沟通逻辑一般是：

——"你现在这么厉害，对自己的工作很满意吧？"

——"哪里，好多不满意。"

——"你对工作这么不满意，考虑换工作吗？"

——"没有找到好的……"

——"你这个情况有多久了？"

——"好久好久，我都快受不了这种工作状态了。"

——"如果继续发展下去，会怎么样？"

——"我都快没有工作的激情了，收入也无法提升。"

——"那你准备什么时间换一份新的工作？"

——"现在……"

第三，梦想引导法。

梦想总是要有的，万一实现了呢？不可否认，大多数微营销从业者起点
都比较低，不过有一些做微营销的人起点并不低，他们是捧着金饭碗兼职做
微营销。用他们自己的话说，之所以这样，是因为不想过朝九晚五、一成不
变的日子，不想被上司禁锢思想，不想被制度束缚手脚，不想每个月即使付
出再多也是拿固定不变的那点儿工资，他们更渴望过一种可以主宰自己的时
间、挣多挣少自己说了算的生活。对于那些尚未捧上金饭碗的人来说，这样
的生活无疑更有吸引力。

鉴于此，我们可以通过多个问题，来激发出对方的梦想，并引导他将自

己的梦想扩大且具体化，对自己的未来有一个迫切的期盼，从而加入我们的团队。

其问话逻辑一般是：

——你的梦想是什么？

——能不能更清晰一点？

——这个梦想很小哦，能再大一点吗？

——你自己能实现吗？你通过现在的生活方式和工作能实现吗？

——如果我能手把手地帮助你实现你的梦想，你愿意跟着我一起干吗？

第四，情爱激励法。

培训师经常问身边的微营销朋友，为什么要做微营销？有些人回答得非常高大上，比如为了梦想，有些人的回答却非常朴素，为了给孩子做个榜样，为了不让爱人更辛苦，为了多赚点钱寄给家里人……相较而言，后者其实更加高大上。爱是最伟大的东西，也是最伟大的力量，伟大到可以改变一个人的思想与行为。

对于那些尚未成家的人，不妨跟他们说一句：为自己改变吧！对于那些已成家的人，特别是女性，一般来说，只要有人跟她说一句"为家庭改变吧！"她们会很容易加入对方的团队。

微营销招商的基础：共赢

在和意向代理对话时，我们经常会被问道，"我适合做什么级别呢？"大家一般会怎样回答呢？不管大家以前是怎么回答的，建议大家以后不要回答了，要直接问回去。

问回去当然也是有技巧的。首先要表现出并不是对方想做我们的代理，我们就一定要对方。因为当对方成为我们的代理，我们需要花大量的时间和精力去教对方，去带对方。为了避免浪费时间，我们必须问对方几个问题，根据对方的答案，先了解对方，顺便分析对方适合做什么级别的代理。

（1）朋友圈有多少好友？

（2）您现在的职业是？

（3）您朋友圈里的好友都是哪类人？

为什么要问这些问题呢？因为好友数量决定了他朋友圈里的潜在意向客户的数量、职业与好友人群，这是为了了解对方的消费水平以及消费对象。

如果他是个微商，需要再加一个问题：现在每月销售流水多少？

这是为了根据他的月流水和能力在后期给他一些参考建议。

可以的话，还要根据其所代理的产品，或者我们所代理的产品进行一些提问。比如，你以前接触过化妆品行业吗？懂护肤吗？你自己的皮肤怎么样？

这些林林总总的问题，归根结底是围绕着一个目的，那就是让我们的潜在代理知道或者感受到，我们跟别的微营销者不一样，别人一门心思地让代理拿货，想赚代理的钱，我们虽然也想赚钱，但我们是负责任的人，不赚不道德的钱。

现在有不少微商把微营销做得变了味儿，几乎成了传销，受其影响，很多微商在和意向代理谈判的时候，经常会走进一个误区，那就是当有人问我们这个品牌还招不招代理时，先以"前不见古人"的速度回复一个"招"字，然后以"后不见来者"的速度把层级报价扔过去，然后反复劝对方试用或购买产品，恨不得下一秒对方就成为他的代理。如果对方这样做了，他肯定会很开心。但很少有人会按照他的指挥棒走，因为他的做法让人不舒服。都让人不舒服了，人家凭什么让微营销者开心？

我们要学会反其道而行之，尽管做微营销不可能不为了赚钱，但一开始千万不要讲钱。先了解对方的情况，然后再给出建议。聊得愉快了，他自己会问该给我们多少费用，并尽快把钱转给我们——谁不想抓紧时间赚钱呢？

资深做微营销的人会关注潜在代理的流水，然后根据他的状况问：想拿什么级别的代理呢？先听听他的想法。不然，推荐个稍低级别的，可人家本来想的是拿个较高级别的，一来从一开始就不太默契，二来也是一种损失。做微商，难在零售，如果对方想做高级别代理，就由他去做，因为人家可能非常清楚微商行业，已经盘算过。如果不让人家做高级别代理，他大可去代理别的产品。相信不会再有人做出这样彼此伤害的事情了。

如果对方是微商小白，回答时可参考以下话术，运用时记得随机应变，不要机械照搬。

"我看了你的朋友圈，你的生活品质还不错，我认为你应该做×级代理。"

如果他的朋友圈很有质量，可以直接让他做更高级的代理，当然也要看他的经济能力，切不可打着爱他的旗号，把队员变成囤货的人。

微信微信，无信不立。招不来代理，主要是没找到对的人。但我们在这里必须补充，找到对的人之前，先找找自己。

作为一个微营销行业从业者，看到目前行业的乱象非常痛心。很多人，由于没有接受过正确的系统的培训，受了一些歪门邪道的浸染，抵挡不住诱惑，做了太多不该做的事。所以我们再次告诉所有有志从事微营销行业的人：光明正大地做微营销，不仅能赚钱，而且走得更远，何必那么急功近利，让人鄙视？

当然，我们也不必从一开始就背上太多心理负担，一些话术还是必要的，只要是基于共赢。比如当我们问一个以前从事过微商但是成绩不太理想的潜在代理时，可以首先问他："你以前有系统地学习过微商吗？"90％的人都会回答没有，事实上也确实很少有团队能够系统全面地介绍微营销知识。接下来再问流水，当他说出自己的额度时，如果不是实在少得可怜，我们要尽量夸他，告诉他"在没有经过系统学习的情况下就能这样，天赋真的很好。再经过我们团队系统的培训后，一定会有非常大的进步。我以前刚开始时，没系统学习，流水还不如你呢！"

至于那些意向代理，我们要适当地端着一点，假装自己很忙，不要他一问问题，我们便马上回复。一旦他认定我们是个闲人，他就会产生种种质疑。我们可以跟他说："对不起，我刚才在给代理发货""我刚才在给代理上课""我刚才在接代理的电话"等，暗示自己的生意很好，对方若加入进来，要不了多久也会风生水起。

接下来就进入成交的步骤了。如果已经向对方介绍了他适合做的代理级别，不必介意他接下来会怎么说，直接跟他要电话和地址，拿到电话和地址，再问他用什么转——支付宝还是微信？这是在暗示对方：第一，你已经是我的代理了；第二，你用什么方式把钱支付过来，然后及早开始合作吧！

为什么要暗示？因为凡是涉及钱的事，太直接了，会让人不开心。给他两个方案，让他做个选择题，自主选择，而不是强行干预，这正是话术的妙处。

增强盟友信心的技巧

在微营销招商过程中，很多新伙伴都没有信心，至少没有足够的信心。他们会翻来覆去地问："我能不能做好？""我能不能学会？""我能卖得出去吗？""我能不能赚钱？"……即便你告诉他，有些人起点更低，但照样做得很不错，他们也可能自我否定，认为"别人做得到的我不一定能做到"。遇到这种情况，作为团队的领袖，必须及时、明确地给予他们坚定不移的信心，让他们感觉自己可以达到目标、实现梦想。

一般来说，增强团队成员信心，可通过以下几种方式达成。

第一，进行语言鼓励。

谁都有不自信的时候，有时候，看似是鼓励别人，其实是相互鼓励。成功只是一种结果，而起点只是一种信念。人类能成为万物之灵，语言善莫大焉。语言能承载和传递我们的情感和状态，是建立亲和力和信赖感最快的途径。现在是互联网时代，即使团队成员远在天边，也可以采用电话或者微信、QQ 语音的方式，尽情交流，频繁互动，让队员感受到我们的重视与关心，从而给他们以温暖和信心。

第二，改变盟友的状态。

人是有惰性的，也是有惯性的。任何一种状态，习惯了便会成为自然。我们不提倡每天打鸡血，那是自己骗自己，但长期保持原地踏步，会让人萎靡不振，会让团队毫无生气，甚至陷入僵局。因此，队长要给予足够注意。线下可以组织能见面的成员，经常唱唱歌、做做操、玩玩游戏、互相分享心得；不方便线下见面，队长也要定期在微信群中发个红包，讲个笑话，分享些知识，调动、改变队员的情绪与状态。如果团队中有活跃分子，也可以借助他们的力量。

第三，发挥盟友的优势。

世界上从不缺少美，缺少的是发现美的眼睛。每个人都有相对的优势与劣势，每个人在谈论自己优势的时候，即使他表面是谦虚的，内心也是引以为荣的，在谈论自己的优势时他必然是自信的。因此，当队员缺乏自信时，我们要尽可能地去寻找他们的闪光点，谈论他们自豪的事情，从而迅速进入他的内心世界，消除其原本紧张且缺乏自信的情绪，让他认识到自己原来这么厉害，从而树立起自信，产生强大的信念。

第四，用事实说话。

浪漫的理论适用于有情怀的人，更多的人还是喜欢基于现实。所谓"铁证如山"，事实摆在面前，由不得他不信。见证别人的成功是对自己最好的激励。举例来说，如果我们本人做微营销之后与之前相比经济状况有明显改善，那么我们不用说什么，朋友、邻居都会主动找我们。所以，团队中每次有新人进来的时候，特别是有那种同城方便线下聚会的新人进来的时候，都会邀请优秀的代理分享他们的真实经历，"60后"的大叔，"70后"的大姐，"80后"的宝妈与"90后"的学妹，此外，还有先前做建筑工人的、做厨师的、做直销的……总之，应有尽有，每个人都是现在的大明星，之前却都不太如意。还可以把相关录音和视频保存下来，分享给不方便参加同城聚会的新队员去听、去看，这些铁一般的事实记录的虽然只是一些团队成员的成长、改变和收益，但足以激励所有新人以及那些尚未成功的成员，让他们知道任何人在这样一个团队中，都可以通过努力取得成功。

在团队规模较小的情况下，至少也要有一个英雄，实在没有英雄就塑造英雄。比如，初期这个英雄可以是自己，也可以是自己的老师。我们需要树立一个榜样，告诉大家，只要努力，都会成为英雄。团队慢慢扩大时，要扶植更多的英雄。有人可能会想，他成为英雄后跑了怎么办？对此，我们要胸怀宽广，心态阳光。退一步说，即使他成为英雄后自立门户，在此之前他也有助于你在某个阶段快速成长，双方都有收获，有什么不好的？当然，最重要的是自己始终要野蛮成长，这样团队才会有凝聚力和向心力。

第五，把目标阶段化。

并不是每个人刚进入团队，就能熟练掌握所有的知识与技巧，也并不是每个伙伴刚做微商就能充分挖掘自身潜能，爆发巨大能量，在第一时间成就自己的梦想。梦想之所以谓之梦想，某种程度上就在于它高高在上，难以实现。而把宏伟的梦想分解为无数可见可行接地气儿的小梦想或阶段性目标，一步步走下去，梦想就不再那么吓人，而是变得触手可及，现实也就不再那么让人失落了。

微营销的发展需要招商

微营销所谓的招商，就是招代理。招代理并不难，难的是招到有效的代理。

所谓有效的代理，主要是针对无效代理而言的。想必大家都遇到过类似的问题：好不容易招到几个代理，但完全不下货，不出单，怎么说都没用，再说的话，干脆不做了。

问题出在哪儿呢？

首先告诫大家，在招代理时，如果能够招到稍高级别的，就尽量别招最低级的。很多人在招代理的时候可能会说："朋友，我看你的朋友圈人比较少，而且你之前也没有做过微营销，所以我建议你拿个店长先干着，如何？"从我们自己的角度看，这是为对方着想，为对方负责，是为他好，免得给对方造成压力，但事实真的是这样吗？

不见得。

我们先讲一下做微营销的构成。

无须讳言，微营销的市场大多集中在三四线城市以及乡镇和农村。以微营销从业人员主体之一的宝妈来说，她们可能结婚之前在工厂上班，到了结婚的年龄，就回自己的农村老家结婚生子，生完孩子一来需要在家带宝宝，二来附近没有太多就业机会，恰好在刷朋友圈时看到身边很多伙伴在做微营销，便抱着试试看的想法加入了做微营销的大军。以这些宝妈为主体的微商从业者，80%以上都是没有零售经验的，也往往没有经过系统的培训。大部分微营销团队也不可能提供系统培训，大多是把货卖给她们就不管了。一来她自己不会，二来没人教她，如果她再没有些天分的话，你让她拿个最低级别的代理，去做零售，对她来说必然是非常困难的。

有人可能会说，微营销专家会教我们的代理怎么零售，专家有经验，但有经验的销售都知道，销售能力不是一朝一夕就可以掌握的，它需要很长时间的磨炼，需要很长的时间来积累人脉及资源。销售做得久了，大家都成了朋友，还用什么话术吗？打着哈哈、开着玩笑就把事情搞定了。而这，自然是那些刚入门者不敢奢望的。

大家可以想一想自己的代理中，那些做最低级别代理的微商，存活下来的是不是很少？反倒是那些层级稍微高一些的，补货快，存活率也比较高。

例子有好多。有些最低级别的代理，做两天就没人了，一个月卖不出去货就自动退出，从此提起微营销就气不打一处来。有些人招商能力较强，身边朋友多，所以招代理特别快，再加上裂变作用，可能一个月就招了100个最低级别的代理，但过一个月再看，存活下来的可能不到10个。能留下1/10，就算比例高的了。

所以，我们在招募代理的时候，重点和目标应该放在精英身上，也就是尽量让代理的级别稍高一些。因为对于那些不具备零售能力的人来说，招代理相比较而言反倒更容易些。

对于那些不明白其中道理的人来说，我们必须费一番口舌。毕竟并不是他想做什么就能做什么，大家之所以选择做最低级别的代理，还不是因为投入小、风险低嘛，实在不行，还可以把产品留作自用。殊不知，这才是最大的风险。

那么，与潜在代理沟通时应该怎么说服他们做高级别的代理呢？

我们可以说：一个人卖，是很辛苦的，不是说累，而是说成长的轨迹太漫长。零售的利润相对比较高，但是销量很难跑起来。如果我们做精英的话，尽管需要相应的资格，但是也可以拥有招代理的权限。比如每天能够成交3

个零售客户，以前只能赚些差价而已，但拿到代理权后，可以把他们当中的一部分发展成自己的代理，自己的代理每天也在零售，如果他们也像我们一样拥有代理权并且也招到了代理，合起来就是一个小团队了，我们就不需要那么累了。只要把代理培养好，团队就会不断壮大，一群人帮我们卖，是不是比自己一个人做零售要来得轻松？

接下来我们再谈谈针对零售客户的一些话术，也就是应该怎样去引导消费者成为我们的代理。

比如我们可以这样跟他说：朋友，由于你仅仅是我的朋友，是消费者身份，你拿一套产品的价钱是比较高的，但你如果成为我的代理的话就相对便宜多了。

这时候要注意，先别告诉他最低的层级，其中的道理和门店销售一样：当顾客进店之后，导购一般都会先把贵的产品介绍给顾客，当顾客嫌贵的时候，他们再介绍便宜的东西，当顾客在内心做着比较，考虑哪种更划算时，其实已经被套路了，不管顾客买贵的还是便宜的，商家都赚到了。

我们要多鼓励自己的零售客户往代理的方向去发展，和他们多聊聊做代理的好处是什么，比如自用比较便宜，比如可以赚些零花钱，可以创业等。

有人说，女性比较爱占小便宜，其实，大部分人都爱占小便宜，因为趋利避害是人之本性。我们不妨适当利用人之本性，在和代理以及零售客户们做生意的过程中，经常性地让他们沾点光，目的不是让他们觉得自己占到了便宜，而是让他们觉得微营销者懂分享，够大方。这才是最重要的。

当然这也合乎先予后取之道。如果我们零售一个产品，原本能赚50元的话，我们可以在此基础上考虑一下，如果少赚一点，能不能把对方发展成我们的小代理？还是那句话，把10个零售客户发展成代理，等于有10个人为我们卖货。虽然单笔赚得少了，但是销量跑起来了，整体赚得就多了。这10

个人再把各自的客户发展成代理，我们的团队已然成形。

这个道理也要毫无保留地教给自己的代理，为操作方便，可以把它们逐一存在手机的备忘录里，在需要时，方便、灵活地运用。

对于已经是微商或者从事过微商的潜在代理，我们又该怎样去沟通呢？

首先肯定不能让他们做最低级的代理，否则当他们拿了货之后，就算把所有的货都卖掉了，他也不会感激我们，反而会觉得我们这个老大不怎么样，没什么能力，他会想：我们这个上家实在太没用，教的都是些没用的东西，害得我这么久才把这些货卖掉。因为依靠个人能力，走量是很难的，如果做最低级别的代理，能够用两个月时间把第一批货卖完就算优秀，能赚到多少钱呢？可能也就几百块钱。这个时候他们就会抛弃你，选择其他品牌，拿个稍高级别的代理，自己在卖货的同时拥有招代理的权力，然后组建自己的小团队。各方面利好因素形成合力，他取得小成就的同时还会想到我们：幸亏离开那个团队了，为什么同样是一个人，在那里不行，在这里就行呢？肯定是那个品牌不好，那个产品不好，那个上家不好，那个团队不好……

大家都会零售，但能把零售做好的人寥寥无几。因为很多微营销者，真的不具备零售能力。想把零售做好，需要系统的培训，很长时间的实践，还需要本人具有非常好的人缘，很高的情商，以及极大的耐性。大家不妨看看自己零售的话一天能卖多少？事实就是这样，但它并不可怕，我们没必要紧盯着不好做的微商零售，为什么不把更多精力放在招商上呢？

这样说，并不是不尊重零售，更不是无视那些零售做得非常好的朋友。如果一个人擅长零售，希望这个人能够在保持这方面优势的基础上，搞好自己的招商。建议这类朋友可以多开点课程，内容就是讲微商怎么做零售。把自己的经验分享出来，让自己的代理或者是意向代理不断地学习复制，团队才会越来越强大。

实战深入了解招商

微营销，要在实战中学习，多向专家取经，把学到的商业与信息工具的知识，充分运用到实际中去。

来看一个更加复杂、更加全面的实战案例，可以让大家对招商话术有更深入的体会与理解。

（验证通过）

A：（开场白）"你好，我是××项目负责人××，你是看了我们的招商广告咨询项目代理对吧？"

A：（主动提问）你之前做过微商吗？（回答只有两种做过或是没做过）

A：（没做过微商的话）没关系，做微商非常简单，只要你会使用微信、会玩手机就可以，我们这边代理上至四五十岁，下至十几岁。很多宝妈和学生现在都在做，而且做得都非常好，微商是现在产品营销的趋势，利用零散时间赚取额外收入，谁都可以做。你如果想做我会手把手地教你，给你一对一的指导。

A：（再次提问了解对方）你现在是做什么工作的？我刚才看你的朋友圈，现在是全职妈妈对吗？

A1：（举例说明）现在做微商的很多都是宝妈。之前对微商不了解，朋友圈都不会发。现在做了三个月，每个月都能赚六七千块。做微商就是利用自己的空余时间，可以一边带宝宝一边赚钱，不影响生活，只会提高生活质量。

A2：（产品介入）我先把我们做的产品给你介绍一下，你感觉合适的话，再看下你想做什么级别的代理（介绍产品可以简单一些，因为平时朋友圈广告已经有体现，也可以让意向代理在后台公众账号查看相关产品详情，重点讲解产品运营模式）。

A3：（介绍）它是以珍珠美白为主的美容护理品牌，是国内化妆品专利最多的公司，拥有近100项专利技术，在国货化妆品中，一直被称为美白第一的化妆品。近年来中国女性最多的美肤需求就是美白，不管是十几岁女生还是五六十岁的女性多多少少都会存在肤色暗沉、色斑问题，所以我们的产品适用人群非常广。我们推崇的美白护理方式是外调内养，能够从根源解决女性的皮肤问题，产品的利润空间非常大。你是女性做起来会有很大的优势。而且我会对你进行一对一的培训以及指导。

Q：（客户问）怎么代理产品？怎么加入？

A：嗯，咱们这个按照级别拿货就可以了，级别越高，利润空间就越大。级别高的代理可以招级别低的代理，组建自己的团队，增加产品销量。咱们最低的门槛，518元就可以拿代理，公司出具授权书给你，还送你一个授权店铺。初级门槛的利润空间是30%的盈利（说完发送代理级别表，看客户的反应继续补充，518元是店长级别，倾向于自己使用或是初级微商人员，但如果想要快速发展的话，可以尝试更高级别，当你具备了招店长的权限，做起来也会轻松一些。例如：你每天能够成交3个零售客户，如果你能够把其中的2个发展成你的代理，那她们每天一共零售6个客户，或者是她们也招到了代理，你就不需要那么累了。只要把代理培养好，就OK了，这样说，亲能听明白吗？当然选择权利还是在您自己）。

Q：（客户担心的问题）我的微信好友很少……

A1：这个你不用担心，公司有系统对新人的培训，非常专业，可以让你从微商入门到精通，别人学习两年的微商经验，在新人培训群，你两个月就可以全部学会，不仅会教你如何加精准客户，还会教你如何打造自己的朋友圈吸引潜在客户。后期你有了自己的代理和团队，公司也会指导你如何管理团队，扩大自己的团队。所以这些你不用担心。只要努力学习就可以。

A2：其实做微商不一定微信好友多才卖货卖得多，你的好友有几百人、几千人，但没有一款好的产品，也没有好的团队来指导你，一样卖不好，对吧？其实我的好友也就几百人，我一个月的流水也有十来万元，你加入后，我会教你怎么利用有限的资源去获取更大的利益。这些都是没有问题的。

Q：（客户提问）我不会做怎么办，而且比较笨？

A：其实微商很简单，没有想象中的那么复杂。只要你会玩手机，会用微信就可以。像很多代理都是宝妈，没有任何经验，培训后就很熟练，而且做得都很不错。刚刚提到了公司有系统培训官方群，我们还有内部团队学习群，学习的机会特别多，只要你愿意学习就一定没有问题，对自己要有信心。给自己一个发展的机会。我会点对点教会你为止。

Q：（客户提问）卖不出去怎么办？

A：嗯，我这样说吧，如果连两三套产品都卖不出去，那你可能真的不适合做微商，也不适合做任何工作。公司不是只让你一个人去做，不是你收到货之后就撒手不管。你是和公司合作，你是公司的代理，只有你盈利了，公司才能长期地发展下去，你和公司是互惠互利的。你加入，我会给你经营方法，只要你认真学，照做就行。而且公司还有两个月包退货政策，所以，先往好的方面想，不要还没有开始，就先否定自己。

Q：（客户想法）我可以先发朋友圈，卖了之后我再加入吗？

A：我可以肯定地告诉你这样不行，我们每一位代理都是有级别授权书的，不是我们的代理，没有授权书，是没有货物可以卖的。我们想一个最差的结果，两三套产品都没有卖出去，只是自己使用了，虽然没有盈利，但你会发现自己变美了，也没什么吧？其实道理很简单，如果你开了一家超市，店内只摆放了商品的图片，客人进店购买的时候，你再去上货，客户会等你吗？你自己都没有用过产品，都不知道产品是什么样的，即使你发了朋友圈，别人来咨询产品，你也不知道怎么回答，不知道产品的好与坏，心里没有底气。那样以后你再发别的产品也不会有人来咨询的。

Q：（客户担心）产品的安全性有保障吗？

A：这个你是不用担心的，我们的资质证书是非常齐全的，是有女性产品相关的检测报告的。如果产品存在安全问题，公司和产品广告就不会存在了（发送产品检测报告链接以及图片）。如果它存在安全问题，能做到现在48年吗？能多次蝉联国内美白第一的宝座吗？所以，完全可以放心品质问题（发产品海报及各大商场专柜图片）。

Q：我不太好意思发朋友圈。

A：我们不只是卖一款产品，我们是美丽的传播者。我们做的是一份和美丽相关的事业。请问你愿意说你不好意思赚钱吗？你不好意思美丽吗？

Q：我再考虑一下吧。

A1：（攻单）618块钱，一件衣服的钱，一餐饭的钱，给自己一次机会，收获一份独立自主的事业。

A2：（攻单）618块钱，还可以自用，给自己带来美丽。美丽是无价的。

Q：那好吧，希望能有个好结果。

A：（稳单）用心做，618块钱虽然不多，但不是白来的。加入后，要多学多问，当作一份自己的事业去做，希望像其他的代理一样做两三个月就可以有个不错的收入。别人会的，我们也可以。相信自己。我会用心教你。

微营销招商实现裂变式增长的关键

做微营销，组建团队也好，招商也好，听起来都很美丽，但实现起来并没有那么容易。谁不知道病毒式传播的妙处，谁不知道团队裂变的威力，谁不想拥有一个水泊梁山似的团队，问题是：怎样才能做到？

世上太多事情，知易行难。知，有时候只需要一点点理解力就够了。行，不仅需要扎扎实实地去践行，还需要有践行所必需的知识。举个简单的例子，我们写上几段话，可以把原子弹的理论阐释清楚，但理解了以后，又有几个人能真的制造出原子弹？

再打个比方，我们在水站买了一桶矿泉水，老板出于裂变营销的目的说："兄弟你帮我推广一下，介绍几个客户，先把你的朋友们介绍过来购买。"出于礼貌，我们会答应，但实际上不会那么做。为什么呢？首先，怕朋友误会我们在当中拿了回扣；其次，就算朋友不误会，我们怎么跟朋友讲呢？难道直接说"我那天在那个水站买了一桶水，喝着挺好的，你也去试一下"？

在这个例子中，不是我们不想帮这位老板，而是我们没办法帮他。因为他没给我们工具，没给我们帮他实现裂变的武器。没有武器，我们拿什么冲锋？没有武器，裂变的循环就难以启动。

如果有了武器，情况就不一样了。还是上面的例子，我们去老板店里买了一桶水，老板给了我们3张体验券，然后告诉我们可以送给朋友，只要拿着体验券过来就行。而我们也喝过了，确定这款水是好水，只要朋友拿着体验券过来，顺便报上我们的名字，就可以体验这款水的好坏，说白了就是得了些免费的利益。这时候，我们把体验券给到朋友的概率，是不是提升了？这样是不是容易产生裂变？如果同样的裂变一直循环下去，就是一个原始的良性裂变过程。

招商过程中，一定要懂得借助工具启动裂变，最终建立完整的移动互联网裂变式的传播体系，实现裂变式增长。

实践不可能像案例所阐释的那么简单，相应的配套工作比较多。一般来说，在招商过程中我们还要把握以下几个关键点：

第一，了解我们的客户。

我们真正了解我们的客户吗？当我们开始代理一款产品时，我们最关心的是不是自己？关心自己没错，但不关心客户，绝对不对。不关心客户，我们便不可能了解客户，不可能设身处地地站在客户的角度思考问题。举个简单的例子，我们代理某款洗衣液，想当然地认为，谁不洗衣服啊，所以有些微营销者见人就加，然后狂推，并且做起了裂变梦，满心期望用不了多久自己也成为微商大咖，江湖中到处都是他的传说。但事实却是，类似洗衣液这样的东西表面看来人人都用，真实的购买者却是女性，如果具体到微信用户，又以宝妈们居多。首先，她们是微信用户，比她们年长的很多大妈是不用微信、不用微博、不上手机淘宝的，以后她们会加入，那是以后的事；其次，她们乐于接受新鲜事物，对生活质量要求也较高，只要你代理的产品有特色，她们就会天然地产生兴趣。大妈们就不会那么想：洗洗衣服罢了，随便来袋洗衣粉！

如果我们需要做地推，或者做线下沙龙，我们还要考虑到，宝妈们经常会出现在幼儿园、菜市场、超市、便利店、电影院等，尽管很多宝妈也上班，但我们尽量还是别去写字楼发传单，这个笑话太冷。

第二，用户接触。

妄想坐在家里把微营销做大是不切实际的。无论是零售客户还是潜在代理，不接触用户，事业难以开展，难以起步。多和人接触，裂变才能启动，我们才能获取更多有效信息，甚至是意外惊喜。接触用户时，要明白无误且有技巧地告诉他：我们能给予什么，我们可以做什么。当他遇到困难的时候，不要泛泛地安慰说"坚持住，一切都会过去的"，我们必须告诉他给他的解决方案是什么。

第三，数据分析。

现在是大数据时代，必须通过数据一定时间内的增长或者减少去改进现有的策略与服务，必要时还要向上级反映以改进产品。数据分析方面，当数据在上下5%的范围内波动时，属于可接受的情况。团队领导除了要站在产品角度思考分析数据，也要站在大运营的角度思考问题。这里大运营指的是客服、销售、小运营、市场、公关，包括整个团队运营成本。数据波动明显时，要不要进场都会成为问题。

第四，线上撒网，线下钓鱼。

一来可以节约成本，二来可以利用互联网的便利性，微商招商必然少不了线上招商。

线上招商一般来说以太极方式展开为宜，也就是为了招商而进行培训，或者进行各类分享。在此过程中，应考虑来自四面八方的潜在微商代理的时差，比如新疆地区就比北京地区晚了两个小时，你这里都准备开课了，人家还没吃完饭，怎么行？当然，定个合理并且统一的时间也是必需的。不可能因为一个人，影响了一群人。

相关培训，一般采用微信群语音的形式，如果群比较多，可考虑采用先进的直播机器人，实现"一群直播，多群同步"的连锁转播效应。在培训过程中，不要一味发语音，可以穿插发送些文字、图片、小视频，这些既是多元化培训的素材，也是听课人员发朋友圈的素材。作为群讲师，一定要做足前期准备，并在培训时实时注意群里的反馈，积极与群成员互动，达到效果最优化。

有条件的团队，可以制作视频或者采用直播方式，在线和"粉丝"分享知识，交流经验。这同样要做好充足准备，由于会展现人物形象，而不仅是语音，所以必须在装扮上考虑一番。最重要的是，记得留好"小尾巴"，在结束的时候让大家保存你的联系方式或关注微信公众号。

除了在线上定期进行大规模"撒网"外，还要随机地在线下"钓鱼"。尽管线下活动的时效性和成本不能与线上活动相比，但别忘了，只有在线下才有可能与客户进行面对面的直接交流。快速地沟通和相互了解，通过语音、文字是无法达到的，很多时候，一次成功的线下活动，可以做到在几分钟内促成交易，启动裂变。毕竟，人们还是觉得"看得见、摸得着"更值得信赖。

第五章　微营销的团队建设

独木难成林，微营销的事业也是如此。微营销是依靠团队合作的事业。唯有爱、真诚与奉献，才能让一个团队变得美好而团结。

吸引代理的秘密

团队建设是微营销的大事，代理是微营销团队的组成部分。做微营销，要知道如何吸引代理。

先来看一个历史故事：

战国中期，燕国发生内乱，邻近的齐国乘机出兵，侵占了燕国不少领土。不久，燕昭王即位，他迅速平定内乱，四方招贤士，以振兴燕国，夺回失地。但好几个月过去了，也没人投奔他。燕昭王便问郭隗，怎样才能求得贤良？

郭隗给燕昭王讲故事说，从前有一位国君，他不惜千金，想求购一匹千里马，却始终买不到。国君手下有位不起眼的人，自告奋勇去买千里马，国君同意了。此人用了数月时间，打听到某处人家有一匹良马。可是，等他赶到当地时，千里马已死。于是他就用百两黄金买下马的骨头，回去献给国君。国君很不高兴，"你给我买马骨头干什么？"对方说："我这样做，是为了让天下人都知道，您是真心实意地想出高价买马，而不是欺骗。"果然，没过多久，先后有人送来了好几匹千里马。

讲完上面的故事，郭隗又对燕昭王说："大王想得人才，也要像买千里马的国君那样，让天下人知道你是真心求贤。你可以先从我开始，若人们看到像我这样的人都能得到重用，比我更有才能的人就会来投奔你。"燕昭王认为有理，就拜郭隗为师，还给他优厚的俸禄。并让他修筑了"黄金台"，招纳天下贤士。消息传出后，有才干的能人纷纷前来，燕国迅速强盛起来，不仅夺回了被占领的土地，还差点灭了齐国。

招代理过程中，相信大家都会遇到类似问题：好话说尽了，但对方就是不做我们的代理，怎么办？好不容易招到几个代理，结果有跟没有差不多，完全不下货，不出单，怎么说都没用。让他们下点货，会找各种借口搪塞我们。

其实看完上面的故事，我们应该已经明白：人才其实都是吸引来的，而不是招来的。刘备的例子恐怕比燕昭王更有说服力，他只是个潜力股，除了人品和抱负，一无所有，若是走普通的招聘渠道，怎么可能招到人？但由于他人品出众，胸怀天下，反倒比那些有钱有势的老板更受欢迎。做微营销也是如此，我们可以给出堪比世界500强的条件吗？不能。但是我们能给他们提供一个创业的契机，如果我们还有相应的人格魅力，仅此，已经足矣。

微营销是个分享过程，先分享，才谈得上回馈。也许有人会说，分享的前提是肚子里有货，我们什么都不会，小白一个，分享什么？其实古人说得好，心诚则灵。尺有所短，寸有所长，就看一个人想不想分享，就看一个人怎么看待分享。女人们碰到一起就聊个没完，讲的都是有用的吗？未必，但能说这不是分享吗？又能说她们讲的全然无用吗？

前段时间，与一位非常优秀的代理聊天时，她跟我说，她现在有2900多个好友，其中零售客户有300多人，代理有20多位。我对她取得的成绩很惊诧，因为知道她是一个很普通的人，做的时间也不长，她是如何做到的？答案很简单：她擅长小儿辅食，经常在很多微信群教宝妈们做辅食。难吗？分享也好，招代理也好，都离不开价值输出，不为别人提供价值，一个人和他的事业在别人眼中就是无价值的，舌绽莲花也没用。

很多人有能力，非常敬业，但他们只会卖货，不想把经验分享给别人，怕别人学会了抢了他的生意，这是不对的。想做一个成功的微营销商人，一定要把自己的经验分享出来给别人，这样才能为自己带来更多的利益。前面说过，代理不是招来的，是吸引来的，没有点基本的格局，谈何吸引？

什么叫格局？这里所指的肯定不是指一套房子坐北朝南、三室两厅那种格局，而是指一个人能够惠及、泽及他人的广度。简单来说，有人比较自私，他们并非没有格局，只是格局太小，小到只能容下自己，自己过得好就行，其余六亲不认，不择手段。正常人的格局，至少要包括父母、兄弟姐妹、爱人与孩子。格局再大些的，会把亲戚、朋友、乡亲也考虑进来。伟人的格局，不仅涵盖所有同胞，甚至泽及全人类。尽管做到这些很难，但心诚则灵，勿以善小而不为。

微营销团队，实质就是一个企业。一个有自己团队的微商，实质就是一个企业负责人。企业虽小，但胸怀绝不能小，胸襟绝不能小，企业的发展空间也不能小。组建团队就是销售梦想。从心理学角度讲，人类特别容易把自己放在一个适合自己的框架中去生活或者成长。以此为出发点，我们可以先提出一般人选择事业的标准，再一条条地告诉对方，我们的事业就是符合这个标准的。例如我们这样说：时间自由、收入高、受人喜爱、发展空间大、符合社会发展大趋势、可以边学习边玩边赚钱、能将认识的人都变成自己的"粉丝"和客户，并且好友越多自己的价值越大。讲完这些，没有几个人会不动心。这时，我们再通过团队中其他伙伴的案例，跟对方讲为什么微商事业符合这些条件，自己的代理是如何做到的，等等，这样就很容易吸引他们，并最终能够把他们吸纳为团队成员。

最后别忘了一点，我们要创造积极的氛围来吸引人。在一种混乱、消极的氛围中工作是一件痛苦的事，这样的团队注定坚持不了多久。

有个刚毕业的大学生，去一家企业应聘，他本来信心满满，做了好多准备。但到该公司后一时没找到接待部门，好不容易遇见一位经理模样的人，结果他对来者说："到哪儿干都比在这儿强，我们都快要不干了你还到这儿来。"当时来者很诧异，就留意了一下办公区，发现该公司大部分人都是死气沉沉的，于是来者便打消了继续应聘的念头。

同理，如果我们做了某个微营销的代理，对方把我们拉到学习群里，但整天都没个人说话，死气沉沉，我们还会有信心吗？当然，建设良好的工作氛围是一个系统的工程。

微营销团队发展的必经之路

有过做微商经验的人，特别是那些带过团队的微商，大概都有这样的体会：

做微商确实令人兴奋，发发信息，聊聊天，货就卖出去了，代理就吸引来了；做微商也确实残酷，上周五团队还热情高涨呢，结果过了礼拜天，代理都找不到影子了。

大家一开始都是信心满满地加入，一心想通过微商改变现状，改变命运，但半个月没出货，招不到代理，连自己都开始怀疑自己了。

其实，这些都是微商道路上普遍的问题，没必要怀疑。有问题很正常，对症下药就是了。

之前有一个调查专门采访了很多微商团队的老大，结果显示，大家在团队管理过程中都会遇到一些问题。如下图所示，一个具体的微营销团队是不是现在就存在这些问题，或者说这个微营销团队曾经存在过这些问题？如果是前者，那说明这个微营销团队现在正处在团队发展的第二阶段。

你在团队管理的道路上是否一直存在这样的问题？

没有配合度　　群不活跃

保姆使唤　　没有统一性

执行力弱　　战斗力不强

　　一般来说，团队发展可分为四个阶段：组建适用期、不满期、认同期和成熟收获期。下面我们就来详细介绍团队发展的每个阶段，以及团队领袖在每个阶段应该发挥的领导力。

　　第一阶段——组建适用期。

　　很显然，任何团队刚成立时，都必须经历组建适用期。这时，在人的层面，团队成员之间了解得比较少，成员与团队领导之间了解得也比较少，彼此缺乏信任与归属感，沟通往往局限于单向沟通，虽然有人会因此另谋出路，但大多数成员的期待都很高，众志成城，整体还是积极奋进的；在事的层面，表现为没有明确的工作流程和规范，没有团队愿景和目标，成员缺乏了解与认同，团队决策一般由领导单向做出。

　　鉴于此，在人的层面，团队领导要尽量帮助团队成员彼此熟悉，其本人自然也应借机和团队成员建立良好的信任关系，了解团队成员的性格和优点。可通过线下集体活动，如爬山、吃饭、唱 KTV 等，营造大家彼此熟悉的机会。在此过程中，要以获得团队的信任为中心目标，要让大家明白我们没有任何恶意，我们是来帮助他们、支持他们，跟他们一起奋斗的。同时，要展现自己强大的专业能力和行业影响力，让他们认识到跟着我们可以学到东西，赚到财富，从内心欣赏我们，这样我们才能带领他们。

　　在事的层面，我们要跟团队成员一起迅速梳理各项工作，了解现状，找出差距，提出改进目标，制定策略和行动计划，并在此基础上提出团队的愿景与目标，让每个人牢记于心。注意一点，作为团队的领军人物，领导者必须在任何时候都展示出足够的信心，要经常性地通过各种正式与非正式的方式与团队成员沟通，比如晨会、例会、周报、日报、一对一沟通等，并鼓励团队成员之间多多相互沟通，主动沟通。要善于发现团队成员的潜力，便于后期提供更多成长机会。

　　在第一阶段，有一些关键点，如在目标的设立上要避免空洞，作为团队领导要站在全局和各方利益的角度考虑，把主要精力放在高潜力的人身上，等等。

一段时间后，发现人都找不见了，这说明团队进入了下一个阶段。

当然，这里所说的"人都找不见了"是夸张语，而且第一阶段与第二阶段也不存在非常明显的界限，事实上，第一阶段存在的问题在第二阶段仍然有可能存在，第二阶段的一些表现也可能会出现在第一阶段。

第二阶段——不满期。

这个阶段的主要特点是：成员之间有了一定交流和互动，但默契还不够；团队成员和团队领导之间不再单向沟通，而是能够进行一定程度的双向沟通；团队成员的期望和现实走向脱节，有人对未来不自信，出现挫败感与焦虑；团队里形成了小团体，人际关系紧张；各种工作流程和规范依然没有，工作比较混乱，但已经开始运转。

鉴于此，这一阶段，团队领导要注意安抚人心并及时化解矛盾，过程中要注重区分冲突的性质，找出冲突的根源，了解事情的来龙去脉之前，千万别急着选边站；要在分析团队成员的性格、优势与不足的基础上，对成员角色进行分工与安排，培养归属感，减少不安；要抓住一切利好的机会鼓舞团队士气，善于树立典型，对于取得突出成绩的队员要尽可能地为其争取荣誉，号召大家向其学习。

不满期的斗志相较第一阶段肯定是削减的、低落的，就好像一堆被细雨淋了的篝火，需要加把火，才能重新烈焰熊熊。只要能度过这一阶段，就会步入第三阶段——认同期。

在认同期，团队会逐渐形成独有的特色，成员之间能顺畅沟通，无私地分享各种观点和信息，团队荣誉感很强。即使面对极富挑战性的工作，也会表现出很强的自信，在特殊情况下能自我激发潜能，超水平发挥，这样的状态以及对终极成功的渴望，会催动团队进入巅峰时期。

　　鉴于此，团队领导要有意识地塑造符合团队特色的团队文化，培养成员的归属感、使命感和自豪感，要关注下属的个人需求，建立有针对性的激励与惩罚机制。

　　再接再厉一段时间，我们先前的努力就会开花结果，也就是团队发展进入了第四阶段——成熟收获期。

　　这时候，团队上上下下充满自信，分工比较明确，角色定位也比较清晰，战斗力所向披靡。此时，作为团队的领导者，要更多地把精力放在把控团队方向与人才的引进、培养上，要注重群策群力，合理授权，共享决策，不搞一言堂，要有更大的视野，要不忘初心，坚持信仰。

团队管理三大关键

　　目标管理、制度管理和情感管理，并称微营销团队管理三要素。

　　第一，目标管理。

　　俗话说得好，梦想比较虚幻，理想比较现实，而目标则更强调实践，强调落到实处。目标即方向，它是驱使人前进的原动力。哈佛大学做过一个跟踪调查，对象是一群智力、学历、生活环境等条件都差不多的年轻人，跟踪了25年，结果发现：有清晰的长期目标的人，都成了社会各界的顶尖成功人士。有清晰短期目标者，大都生活在社会的中上层。目标模糊者，或者说没有目标的人，几乎都生活在社会的下层，甚至是最底层。

　　做微营销也是一样的道理：为什么有的人能做大代理？有的人只能做小代理？一个主要问题就是有人赢在了起跑线上，有人从一开始就输了。为此，我们首先应该给自己一个目标，给自己的团队一个目标。

　　如下图所示：

制定目标的原则——SMART原则

S 明确性　　目标要清晰、明确，使团队成员能够准确地理解目标

M 衡量性　　将目标量化，应该有一组明确的数据，用于考核衡量

A 可实现性　目标是可以达成，并能够被执行人所接受的

R 相关性　　是指各项目标之间有关联，相互支持，符合实际

T 时限性　　目标设置要具有时间限制

　　目标不是随意定的，它有自己的原则——SMART 原则。其中，S 指明确性，M 指衡量性，A 指可实现性，R 指相关性，T 指时限性。

　　明确性，意思是目标要清晰、明确，使团队成员能够准确理解。衡量性，要求我们将目标量化，有明确的数据，作为衡量是否达成目标的依据。比如一个月辅助 3 个下级代理升级，并转化 3 位新代理。可实现性，是指一口吃不成胖子，目标的制定要根据团队的实际情况来设计，一定要让团队成员够得着，不然会把人吓跑，或者制造失望。相关性，是指各项目标之间有关联，相互支持，符合实际。比如目标分解后通过代理裂变新进引流 200 人，有20%购买了我们的产品，并且转化了 10% 成为新代理。时限性，就像我们理解的字面意思，目标设置要有时间限制，其中包括制定完成目标的时间要求，定期检查目标的完成进度，以及有异常情况时及时调整目标计划。

　　值得一提的是层级分解的问题，也就是把大团队的总体目标层层分解到小团队。比如某产品的省级微商代表每月任务目标为销售额 20 万元，省代有10 名市代的话，任务就被分解成了市代每人每月 2 万元，市代如果有 20 名精英的话，每个精英的月任务只不过 1000 元，精英再根据店长继续分解。乍一看，20 万元的目标挺吓人的，但层层分解之后，不仅更有信心了，任务也变得更加清晰可见。

第二，制度管理。

一般情况下，制度由团队的核心高层制定，需要团队内所有成员知道。制度要实用，要有很强的操作性。

微营销团队首先要有日常群制度。微信群是微营销的公司，也是我们的办公室，所以必须要有群规。这一点，大家可以根据实践逐步完善，无须我们浪费笔墨。其次要有定期的会议，每天定时开会交流，长期坚持，团队会越来越专业化，越来越有凝聚力。再次是要制定权利义务制度，有权利就有义务，每个人各司其职，各负其责，团队才能高效运转。最后是奖惩制度。具体奖什么、罚什么，可以根据团队情况具体来定，要注意的是必须重奖励、轻惩罚。

没有知识武装的团队是难以维系的团队，每个真心想把微商做好的人都非常渴望充实自己，所以成熟的微商团队还必须有培训制度。团队领导除了要主动地、持续不断地学习提升，然后无私地分享给大家，还要经常举办各种培训会、交流会，让每个成员进步，聚众力，汇众心，带动整个团队进步。

胜在制度，赢在执行。有了制度，还要确保施行。团队的领军人物与高层要具备引领能力，通过学习与实践，不断提升自己的领导力。要随时随地监督团队成员，随时随地传递制度意识，从上到下，层层带动，同时还要严格要求自己，乐于接受团队的监督。

第三，情感管理。

我们通过民主管理、形象管理和情感管理三方面详细解释。

民主管理的核心是以身作则，天子犯法与庶民同罪，无论是管理者本身还是被管理者，大家都是平等的，不允许团队成员做的事情，我们自己也不要去做，要求团队成员做的事，自己先做出榜样。不把自己和团队成员这台天平放稳，以身作则、为人表率，就不能感化自己的成员，执行力和凝聚力都是空谈。

形象管理，是指团队领导或高层人员，要树立团队引导者的形象，做个有领导力、有影响力的人。说得直白一点，大家要学会包装自己，在团队面前尤其是在新进代理面前，一定要注意展示自己最好的一面。

情感管理，也就是要揪住成员的心。有了情感的维系，陌生人才会变成亲密战友。我们要了解成员的需求，并结合著名心理学家马斯洛的需求层次理论，充分给予认同和满足。要建立感情联系，最重要的是沟通。成员有好事的时候，要第一时间去恭喜、去祝贺；成员遇到了难题，遇到疑惑的时候，要积极主动地为他们排忧解难；在他们拼搏的时候，要加油激励，与他们并肩作战；在他们缺乏信心时，要及时给予坚定的信心；当他们羡慕、称赞、感谢我们时，要懂得感恩，要清楚地知道，没有我们的队员，就没有我们的今天，就没有更好的未来。

建好群，管好群

微营销具体在微信运行上得到体现。

在微博中，微营销主要是依靠内容进行营销。

在微淘中，要依靠粉丝展开，打开销售局面。

初级微商，在微信上，运用好万能的朋友圈，基本上就可以开展业务了。但迈过初级阶段，建微信群就是当务之急了。当然我们前面也讲过，微信虽然好，但不要抛弃QQ，有鉴于二者的建群与管理并无本质不同，所以在下面的叙述中，我们以微信群为主，就不刻意提及QQ群了。

如今，社交媒体已经进入社群时代，一个微信群就是一个小小的社群，它能满足群友之间人际交往的需求，也能满足群主的传播需求，还能作为精准营销的渠道，团队培训的平台。于是，许多人不仅加入或者被拉入各种各样的群，还出于各自的需求建起自己的群。那么，如何才能建好一个群呢？

普遍认为，建好一个微信群需要做好三件事：一是定位要准，二是构成要优，三是管理要好。

先说定位要准。建一个微信群，群主一定要想清楚：为什么要建它？服务的对象是哪些人？如何服务好群友？有的朋友一时兴起建了个群，拉了一帮人进来，发发红包，相互认识，没什么共同话题，慢慢就散了。所以说，一个好的微信群一定要定位准确，那么怎么才算定位好呢？有人说，都是潜在客户，这不就是一种定位吗？其实不然。潜在的不能算数，想把潜在转变为现实，还需要现实的媒介，比如，你可以建一个基于血缘的群，或者基于地缘、业缘和趣缘，都可以。佛家说，万事皆缘，办什么事，都得先结缘。

在血缘、地缘、业缘与趣缘这四大缘中，普通人可能以为前两者更好入手，表面看来是这样，毕竟是灰就比土热，然而太熟的话，也会有很多禁忌，不能畅所欲言，而且会掺杂太多感情因素。换言之，我们应该注重业缘与趣缘，以它们为基础建立的微信群是真正有意思的群，志同道合，才好展开下一步合作。

再说构成要优。一个好的群要多元化，要有层次，群友构成不能太单一，不然缺乏观点的碰撞，产生不了多少沟通价值。同时，就算是基于共同爱好，比如唱歌、诗歌，成员也要尽可能是来自不同地方、不同年龄、不同阶层的各方人士，要有主导交流的核心层，要有积极参与的中坚层，还要有不时响应的围观层。一个结构合理的群才会有生命力，而且这个结构会随着群友的增减与需求不断调整，要始终牢记，群友的需求是群存在的基础，群友之间的差异性、积极度与凝聚力则是群的生命力的保障。此外，优质的群还要与公众号、线下实体互为犄角，形成新媒体矩阵。

最后是管理要好。建群难吗？不难。按照步骤操作，往群里拉些人就行。难的是管理，管理不仅需要技巧，还需要耐心与坚持。作为群主，要保持群的活跃度，必要时还要发个红包，但主要还是精力与时间的持久付出。无规矩不成方圆，群主必须制订简单有效的规章制度，对打广告以及非本群内容、非本群公众号、黄赌毒等现象，要及时清理。在清理整顿的同时，也要时不时地吸收些新鲜血液，让群员保持在满员状态，才不会给随意拉人的人留空子。

最重要的一点，群主不能全凭一己之力管理群，要善于借力，群策群力，大家好才是真的好。对于那些团队初具规模的微商来说，肯定也不止建一个群，这时候，更需要懂得借助下级代理或者潜在代理的力量。我根据自己的经验整理了一个微商新人群的架构及相应制度，放在这里，供朋友们借鉴与完善。

一、群架构

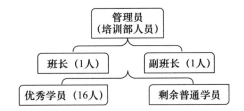

二、角色要求与职能

1. 管理员

（1）微信群的创建者；

（2）群的主要维护者；

（3）群运营。

2. 班长

（1）辅助管理员维护群内有效秩序；

（2）主动回答群成员的问题（不懂可咨询管理员）；

（3）务必参与每期活动；

（4）每周至少帮助 6 名群伙伴进行问题解答；

（5）能够协助管理员进行资料收集等其他工作。

3. 副班长

（1）辅助管理员维护群内有效秩序；

（2）主动回答群成员的问题（不懂可咨询管理员）；

（3）务必参与每期活动；

（4）每周至少帮助 6 名群伙伴进行问题解答。

4. 优秀学员

（1）能够积极响应群内的活动及学习；

（2）能够在日常交流中协助管理员、班长、副班长进行群管理；

（3）每周至少帮助 1 名群伙伴进行问题解答。

三、角色福利与学习激励

角色	角色奖励 班长、副班长一期 优秀学员每期 1 周	其他福利 连任两期的
班长	价值 1000 元授权级别产品任选	（1）毕业后一个月内第一次拿货可获得 20% 的赠品配送（赠品按采购价格配送） （2）可直接被邀请进入市代群，学习市代课程 （3）价值 2000 元授权级别产品任选
副班长	价值 500 元授权级别产品任选	（1）毕业后一个月内第一次拿货可获得 10% 的赠品配送（赠品按采购价格配送） （2）可直接被邀请进入市代群，学习市代课程 （3）价值 1000 元授权级别产品任选
优秀学员	价值 79 元欧诗漫水漾面膜 1 盒	（1）毕业后一个月内第一次拿货可获得 10% 的赠品配送（赠品按采购价值配送） （2）可直接被邀请进入市代群，学习市代课程

四、班长、副班长、优秀学员日常事务细则

（1）群内的日常问题解答（班长、副班长回复，管理员纠正）；

（2）群规则的遵守；

（3）重要事情的通知（公司通告、下周课程、群内后台关键词填充与优化等）；

（4）群内学员动态事务监管（检查是否有违规事项）；

（5）每周安排一位优秀学员进行学习分享；

（6）对每位学员的表现进行记录（考试成绩、帮助过谁、活跃度、主动性、负能量等）；

（7）群内每日重要事情收集记录，创建话题记录标识。

五、晋升规则

（1）班长、副班长于第一学期结束后进行一次重选，由培训部进行考核评选（允许连任）；

（2）优秀学员每周评选一次，由班长、副班长提名，培训部审核（允许连任）；

（3）角色就职期间，无法胜任该角色职能时，将被替换。

微营销成功的秘密不是零售而是团队

微营销有个人成绩，更有团队的成功。成功的团队中个人得到的收益更大。

自古以来，就不存在仅凭一己之力取得巨大成就的人。人们说，成功男

人的背后肯定有一个伟大的女人，好像成功就是两个人可以干成的似的。岂止！其实每一个成功人士背后都有一个成功的团队。当然，人与人不同，对成功的定义也不同，有些人做微营销一个月赚 2000 元就觉得自己挺成功了，但我们知道，那只是成功的起点。如果做微营销仅仅是赚点零花钱，那还不如不做。要做就做到最好，不然说什么做微营销是创业，是一种生活方式，太讽刺了。正是基于这一理念，我们时时处处、正面侧面都会提到团队建设。

这倒不是说这个世界就不需要英雄了。而是说，应该打造一个以英雄或者说精英为核心的团队。这个团队不仅可以让英雄如虎添翼，还能培养、造就或者吸引更多英雄。比如水泊梁山，天罡地煞一百单八将，朝廷大军围剿多次都无法攻破，难道仅仅是这一百多人太厉害的原因吗？实际上不是，靠的还是团队的力量。但是只有这一百零八位好汉，团队没有主力，没有主心骨，也不行。

这就是所谓的团队裂变了。为什么一个人组建的团队难成长？为什么这个人的团队难突破？为什么这个人的团队留不下人？……因为这个人没能让团队裂变。团队是由什么组成的？人。所以团队裂变要从人心着手。团队裂变，首先是团队领袖自身的裂变，我们要从以往甘愿过朝九晚五、平平淡淡小日子的自己，裂变成有信仰、有目标、有能量、有气势的自己。只有做到这些，才能开展下一步：确定你要做多大的团队，并明确方向，锁定人群，建立组织，培养骨干。

人多力量大，人多好办事，这是再简单不过的道理。就连不学无术的小混混都知道，多纠结几个人才好欺负人。做微商，如果只靠个人的力量，既要经营朋友圈、做引流、做培训、收发货，还要做客服，不可能做大，也不可能做好。特别是在这个互联网高速发展的时代，微商行业几乎以 1 个月相当于实体行业 1 年的发展速度不断刷新着形势，想在这种一日千里的大环境中求生存，组建一支过硬的团队势在必行，刻不容缓。

　　举例说明，一个人做微营销，代理某个产品，在没有团队的情况下，一天 24 小时不睡觉，也很难卖出多少货。但如果能找到 20 个代理，每人一天卖 2 盒，一个月下来就是 1200 盒。一盒也不需要赚太多，20 元，月收入也有 24000 元了！当然可以继续做零售，但此时更应该做的是管理好自己的团队。要知道，自己的团队不仅会为我们创造利润，而且会自我繁殖，那时候我们的收入势必更加可观。所以我们必须把微商、微营销的秘密挑明：重点不在零售，而在于建团队。

　　也许有人会说，现实生活可不是做做算术题那么简单。我们有必要举个实例——李多加，以下是她的自述：

　　我是李多加，顶着一大堆头衔：我的团队人数超两万，同时孵化了 5 位百万总代。获得过 2017 年微商钻石团队奖，2016 年微营销终身成就奖，2016 年微营销风云人物奖，2016 年微营销先锋人物奖，多次接受过央视等媒体采访。

　　认识或者熟知我的人都知道，我的团队代理从 300 人发展到 2 万多名，只用了 10 个月，而且这 10 个月刚好是我怀胎的 10 个月，因此我有一个非常接地气的绰号，叫"史上最拼孕妇"。确实，我当时因劳累过度，导致宫缩频繁，不得不住进医院保胎，过年都是在医院过的。

　　有人可能会说：李多加，你肯定很缺钱，估计还缺爱，要不然干吗把 10 个月的皇后日子，变为苦兮兮的创业日子？但我可以很肯定地告诉大家，我不缺钱。做微商之前，我是做电商的，贴在我身上的标签是什么？是 10 年电商高管经验，500 强企业运营总监。我管控年销售额破亿的电商项目，管理员工数百人，是电商高级培训导师，年薪保底 50 万元，拥有公司股份……所以我不缺钱。当时我随便去给电商老板们上一天课，培训报酬就是 2 万元。我也不缺爱，见过我老公的人都知道，他对我好得大家都嫉妒。说这些不是在炫耀什么，只是想告诉大家，我既不缺钱，也不缺爱，为什么还要拼尽全力去奋斗？原因很简单，因为我知道我要什么。因为我也同样知道，想要更好的生活，不能靠别人，只能靠自己。和很多人一样，我不是富二代，父母平凡得走在人群里就会被淹没，我没有老人可以啃，更没有关系可以走，所以，我需要靠我自己。现在，我在深圳有几处房产，家里有好几辆车子，这些，我没有靠过父母，都是靠自己双手拼出来的。

有人会说，女人要以家庭为重，挣钱养家是男人的事情，但是当你买个烧饼都要伸手向老公要钱，还得汇报用途的时候，你会不会觉得自己已经卑微到了尘埃里？所以说，女人你可以不美丽，但是必须要经济独立。

我们每一个人都应该自问：我想要什么样的生活？是天天蓬头垢面，追着孩子满院子跑？还是蹬着高跟鞋，优雅地出席各种高大上的活动、会议？千万不要告诉我没机会，没能力，做不到……我们首先需要明确，你想还是不想？要还是不要？当你把自己的目标清晰地放在面前的时候，你就会发现接下来的一切会变得顺理成章，推进起来也会简单得多。就拿我自己来说，都说没有伞的孩子必须努力奔跑，我深知我没有优越的家庭背景可以依靠，大学的时候，一个寝室4个人，她们个个家庭优越，还没毕业就定好了毕业之后的坦荡道路，我也希望有好的未来，怎么办？我只有更加努力，人家大学享受的是天天睡到自然醒，看韩剧看到眼抽筋，而我从大一开始就给自己定位，参加各种学生会、社团，大三就开始实习，别人在谈恋爱的时候，我在积累自己的经验，所以毕业的时候，别人工作经验那一栏是空白的时候，我那一栏已经写满了漂亮的履历。做微营销也是一样，我是从一个微商小白开始的，而且是没有任何人教的，但是我一开始就给自己定了目标，一年时间，我要让团队人数突破万人，我要做最高的级别。因为有了这个目标，一开始做微商的时候，连爬楼是什么意思都不知道的我，每天各种百度经验，混群听课，经常整理笔记到半夜，顶着大太阳去扫街，当时真的很辛苦，可是没有关系，因为我心里有目标，有梦想。最终，10个月的时间，我完成了万人团队的目标。

经常有人问我，微营销可以躺着挣钱吗？可以一夜暴富吗？当然，可以，但是很遗憾，我们没有赶上，所以在整个微营销行业开始回归理性的时候，我们就要拼实力、拼坚持、拼积累。你是否出现过这种情况：一开始非常有激情，有热度，但坚持不了多久？很多人一接触微商就希望日进斗金，我自己也是一样，但事事不如人意，开始我半个月都没卖出一盒产品，好不容易招到的第一个代理，3天后告诉我卖不出去货，不想干了。那时我着了魔地研究，顾客为什么要买你的产品？

要想让客户购买你的产品，就要让客户记住你，记住你的产品；想要让客户记住你，就要让客户得到意想不到的服务；得到意想不到的服务的客户，才会被感动；被感动的客户，才是你最忠实的客户！那怎么样才能成功做到这点呢？我们需要全面的能力，良好的心态，专业的知识，非常棒的销售技能。

此外还有一个非常重要的因素，那就是我们要有抗压能力，并且要足够自信。我一直走在时代的最前端，对任何事情我都遵从自己的判断。10年前，当我刚开始接触电商的时候，我就觉得这是一个机会。我的专业是新闻学，当时我放弃了所有人都羡慕的《浙江日报》的记者机会，毕业以后就去了电商公司，结果当初质疑我的人，现在都对我竖起了大拇指。1年前，我放弃了大家都羡慕的电商高管职位，进入当时还被质疑为传销的微商，同样地，面对很多质疑。他们都觉得我疯了，甚至很多之前的同行、老板都把我屏蔽了。因为这些，我老公还特地提醒我不要发个人私号，说我这样下去会没有朋友。大家可以想象一下，原本做电商的时候，我是非常光鲜的，但是做了微营销之后，感觉一下子就掉到了谷底，失落感肯定是有的。但是我坚信一句话，路是自己选的，要么成为笑话，要么成为神话，所以我把所有的失落和委屈都藏了起来，然后比别人多付出几倍的努力，结果现在怎么样，那些曾经把我屏蔽的电商老板和高管们，一个个又重新来加我，来向我讨教做微营销的方法，来和我谈有没有什么合作的机会！

想要成功，必须懂得抓住机会，有魄力、有格局。心有多大，舞台就有多大。微商变化太快了，不像传统行业，十年一个变化，也不像电商一年一变，微营销的变化是以月为周期的。举个例子，我当时升级总代的时候，门槛是200万元，我的代理只有200多人，我也没有那么多钱，可是我觉得既然要干就要干大，逼自己一把，于是我四处借钱，做了总代，不到一年的时间，我创建了2万人团队，孵化了5个百万总代。而同期和我一起做省代的人，业绩、人数都比我牛的那些代理们，因为当时的一念之差，到现在还是省代。我不否认刚升级的时候压力大到整宿睡不着，吃饭睡觉想的都是业绩，都是团队，但是熬过来了，一切就都变得美好了。所以，千万不要低估我们自己的潜力，特别是女人，爆发起来是非常可怕的。

做微营销，首先要选个好产品，其次选个好团队，大家捆在一起才好发展，最后就是像李多加这样——组建个好团队。

建微商团队的好处绝不止这么简单。我们看一个残酷点的例子，"二战"期间，军队中职位越高的人死亡率越低，这说明所处的位置越高，损失度就会越低。商场如战场，在运营微商的时候，组建团队，使自己成为领袖，益处自不必说，还能降低我们事业失败的风险。最直接的一个例子，假如某天我们感冒发烧、头疼脑热了，如果我们没有组建起团队，只是自己单打独斗，那么这一天就没有收入了。如果我们有团队，那么即使自己不能正常工作，团队依然在正常运转，这样就可以化解没有收入的风险。

收入主要分两种，即主动收入和被动收入。主动收入就是工作就有钱，不工作就没钱，大多数人都是靠主动收入生活，朝九晚五重复性地上班；被动收入就是不工作也有钱赚，比如银行利息、收取房租等。一般情况下，如果我们的主动收入和被动收入的比例是9∶1，我们会活得很辛苦；如果比例是 5：5 时，我们的生活已发生很大变化。只有组建团队，依靠团队出成绩，主动收入才会越来越少，被动收入才会越来越多，我们生活的幸福指数也才能越来越高。

组建团队，还可以实现优势互补。以一个具体的微营销者为例，他的团队里既有"60 后"的老前辈，也有 20 岁左右的学生党、打工仔；既有公司白领，也有普通的商贩；有博士研究生，也有初中没上完的社会大学毕业生。他们来自各个阶层、各个年龄段、各个学识水平，各有所长。这实在是太有用了：时间多的去管理群，擅长写作的来写文案，擅长网络开发技能的就做好咱们自己的网站，视频玩得好的进行视频营销的推广……有些事情原本与微营销八竿子打不着，但因为熟了，成了朋友，相互之间能够借重帮忙的实在是太多，这又岂能用金钱来衡量？

培训是微营销团队建设的常态

大众对培训存在很多误解。有人觉得培训师是自导自演，开培训课时，就像个演员一样，对着观众表演节目。有人觉得培训华而不实，被华丽的宣传以及高大上的海报吸引，花了很多钱去听课，过程中虽然满是掌声，气氛很活跃，事后回顾起来，却发现收获甚微，培训师讲的内容对我们的工作生活并没有什么实际用处。还有人觉得，培训就是各种兴趣班、出国集训班，只有需要学习某些特定内容的人才会接触，而一般人每天上班下班，又不出国，哪需要什么培训呢？

事实上，培训就在我们身边，和大多数人的生活息息相关。只是我们体会不到而已。

比如，我们有很多微商代理是宝妈角色，在带孩子的过程中，教孩子走第一步，教孩子牙牙学语，告诉孩子别相信陌生人，不要一个人到处乱跑，这些，难道不是培训？再举个例子，我们在准备一趟旅行时，特别是没有经验者，多半会请教朋友，这时朋友就会给出建议，我们自己也会浏览互联网查阅相关攻略等，这些，也相当于别人给我们做培训。所以说，培训到处都有，凡是与传播知识有关的事情，都与培训有关。

那么，微营销如何做好培训？应该注意哪些关键点？

第一，培训应该是有目的的。

家庭教育是为了孩子茁壮成长，生活经验分享是为了提高生活质量，医生的指导是为了更加健康地生活，微营销培训是为了提高销售技能，促进成交，帮助大家挣钱，实现共赢。

第二，培训是为了促进自发学习。

作为培训师，重要的是能启发学员的思维，让学员能够举一反三，学以致用，而不是填鸭。大家可以回顾一下，我们以前读书时，老师不可能把所有的题目都讲一遍，只是教一些概念，我们在老师的循循善诱下，应用概念，就可以解答同类题目了。这就是自发学习的初级阶段。微营销培训也是如此，培训师不可能面面俱到，只要能打开大家的思路，促进大家自发学习，就是好讲师。相对应的，能举一反三的学员才称得上好学员。比如当讲师讲到QQ引流后，学员会想：那我微博上能不能引流呢？理论上是可以的，但光有理论不行，还要去尝试。

第三，培训能增强集体的凝聚力。

培训能提高团队的凝聚力。特别是经过思想的交流，团队会形成统一的思想和目标，团队成员会自觉接受管理。不妨打个不恰当的比方，古代由于各种原因，百姓基本上都没亲眼见过皇帝，但他们都愿意接受皇帝的管辖，并乖乖交上赋税，同时把皇权看得至高无上。究其原因，是因为封建皇权一直在对所有子民进行思想行为的培训，让所有人都将皇帝当作天、当作神，通过这种培训，皇家更易于管理自己的万万子民。

那么如何才能做好培训呢？

首先自然是亲力亲为，特别是在团队初建的时候，整个团队就自己一个人懂培训，自己不培训，让谁培训呢？

其次是复制带教，也就是教代理带代理。如果我们能培养 10 个人，那不仅意味着会有 10 个人帮我们培训，还意味着有 10 个人帮我们赚钱，如果他们各自又培养了 10 个人，岂不是有 100 个人在帮我们挣钱了？通过这种方法，裂变自己的团队，假以时日，千人团队、万人团队，真的不是梦。

复制带教要有针对性，针对小级别代理和中高级别代理，复制带教的内容也有所不同。

一般来说，针对小级别，复制带教应以基础内容为主，包括产品培训、榜样树立、朋友圈打造、沟通技巧和吸引熟人五点。

产品培训，目的不仅是让代理了解产品，帮助销售，更重要的是让代理爱上产品，自己消费产品，只有这样他才会更加彻底地了解产品，才能更好地销售。所以说，产品培训的目的首先是促进自消费。

树立榜样，是为了树立信念，让小级别代理有成功的希望，有积极努力的信念。怎么去树立榜样呢？可以通过分享成功的微营销故事，或者分享经历了无数苦难的微营销者艰苦奋斗最终成功的事迹。

朋友圈打造，好比我们线下的门店打造，包括装修、店员形象、素质、理念等。微商是在微信上售卖产品，能否吸引人购买，能否让人相信我们，加入我们的团队，成为我们的代理，朋友圈发挥着最基本也是最重要的作用。优质的朋友圈一定会吸引别人读下去，产生信任，促成交易。

沟通技巧，总的来说要记住，现在的销售不再是以往的硬推销，而是柔和地与顾客分享，通过分享价值促进销售，或者利用人性的特点与弱点，辅以一些专业话术，实现业绩增长。

吸引熟人，也就是杀熟，虽然是老生常谈，但努力将身边的朋友转化成自己的代理，不仅是微商第一课，也是永恒的一课。做到最后，我们还是在重复着开发新朋友，变新朋友为老朋友，变老朋友为客户或代理的过程。

针对中高级别的代理，该怎样去复制带教呢？这里建议分两个阶段施行。

第一阶段应注意以下五点：

（1）要培训基础性的引流技能，比如 QQ 引流、地推、混群等，微信好友要达到几千人。

（2）讲解团队管理与招商技巧，培训中高级别代理招商的技能，学习如何讲解才能成功招商并转化更多的代理。

（3）学会策划简单的招商会议，包括线上和线下，线上的招商会议比较简单，容易操作，线下招商则比较复杂。

（4）掌握小级别代理的培训内容，并培训自己的小代理们，小代理们都成长了，团队才能茁壮成长。

（5）注意心态调节和管理，这为很多人所忽略，但微商心态真的非常重要，同样的条件，心态好的比心态差的更容易获得成功，也更有益于团队的发展。

第二个阶段，首先要掌握更高难度的技术性引流，比如付费广告、付费百度推广、付费头条文章等。其次要学会团队复制，这里强调的是要把第一阶段的内容复制给自己手下的代理们，团队复制裂变，才能生生不息，日益强大。最后还是心态管理，作为中高级别的代理，已经有了很大的团队，已经是各自团队的领袖，作为团队的主心骨，管理好自己的心态是必要的，有了好的心态，才能更好地带领成员。

第六章　微营销的内容经营

　　微博、微信、微淘，在微营销领域运行的时候，其内容是基础。商品内容具有真实性，能打动人心是至关重要的。

微文章，标题要吸引眼球

微营销要有自己的宣传阵地，而微信、微博、微淘平台的文章就是起宣传作用的。

诗圣杜甫说过，"语不惊人死不休"，才子袁枚亦说过，"文似看山不喜平"，这是文学的特性。眼球经济时代更是如此，谁的标题起得轰轰烈烈，脑洞大开，谁就能吸引用户的眼球。本节我们主要讲微信、微博、微淘文章的命名方式，毕竟内文再好，如果标题吸引不了人，也是白费。

第一，人人都爱读故事。

人们都喜欢看故事，听故事，与品牌相关的故事容易拉近产品和客户的距离。举例说明，如果是有关化妆品的微营销文章，标题就可以写成《昨日灰姑娘，今日白富美——终极秘密》。

第二，八卦一点又何妨。

好奇害死猫，平淡害死人。人人心里都住着一只好奇猫，他们保守着自己的秘密，却对别人的秘密充满好奇，对名人来说尤为突出，因为名人的八卦更具有话题性。更加可贵的是，这类新闻几乎天天有且不重样，如果掌握了这点，从此岂不是再也不用担心我们的标题？

第三，利用反转的张力。

人生就是一场戏，人人都喜欢戏剧性。就像演电影似的，不经常颠覆一下传统套路，怎么营造戏剧高潮？标题若这样写，会让人带着强烈的疑问读下去。例如：《万万没想到，××蔬菜吃多了竟致癌！》。

第四，让价值更直观。

明确告诉读者，这篇文章能给读者带来什么好处，如果再配上一些数字，显得更加专业，则更具冲击力，如《女大学生白手起家一年赚到290万元》，又如《教你如何一个月涨粉10万！》。

第五，尽量接地气。

一个标题，如果只符合老学究的品位，或者只有中科院的院士才能读懂，不管它的价值有多大，都是不适合在微信上流传的。很多相声和小品中都有一个包袱，某某在讲了半天之后被告知——说人话，这其实也适用于微信标题。此外，接地气是指标题要具有分享性，要具备大众性，要能够表达大众的感受，说出他们的心声。例如：《中国真的有很多穷人吗？》。

第六，可以神秘些。

为了给用户留有足够的想象空间，标题要尽量写得神秘一点儿。比如写当年吃某某雪糕的回忆，我们可以写成《雪糕真让人回味》，也可以写成《亲吻的味道》。很明显，《雪糕真让人回味》语言过于平实，就像一片大地，平坦、厚实，但没有人愿意站上去。人们要的是高峰，是笼罩着云雾的高峰，越是看不清的东西，人们越想去探索它。《亲吻的味道》正是如此，能让人产生更多的想象空间。

第七，巧妙引用、化用经典语言。

没有东风，可以借东风。网络上或社会上的流行语，就是最好的东风。比如，《元芳，特朗普当总统一年了，这事儿你怎么看》。小说或其他文学作品中的经典也可以化用，比如《降龙祛痘十八招》《创业，还是混下去？》。

第八，适当来点文艺气息。

没文化的人普遍尊重文化，土豪最喜欢附庸风雅，只有文人才因为竞争而不自觉地相轻。微文章也是文章，考虑到微信受众不是文艺青年，就是文艺青年的崇拜者，至少也是文艺青年的同龄人，写文章要尽量有点儿文艺范儿。自己功力不够的话，照样可以从引用开始，比如《那些年我们一起加过的班》《谁的青春不懵懂，谁的青春不慌张》。

第九，闭门造车，不如灵机一动。

汉字是一门伟大的语言，也是一门神奇的语言，有时候，仅仅改一个字，甚至只是改一下同音字，或者发掘一下其中的联系性，就能产生意想不到的神奇效果。比如某品牌内衣的宣传语，可以借用"回头率"这个众所周知的词，稍稍一动，改成"提高回床率的秘密"等。

最后再来讲讲微信、微博、微淘营销内容命名的注意事项。

（1）控制好标题的字数。如果说简单明了是新闻的最大特色，那么字数就是微信、微博、微淘文章最大的特色。微信、微博、微淘文章标题好不好看，取决于我们对微信、微博、微淘文章终端的了解，也就是手机屏幕的了解。一般来说，微信、微博、微淘文章标题控制在 14 个字之内最好，不换行，不裂句，以整行的形式出现，也不太短，形式上更美观。

（2）尽量让人一目了然。推送信息时，最好能将整个事件的时间、地点、结果等要素都包括进去，使人一目了然。比如新闻标题《南京孩子埃及神庙刻"到此一游"当事人父母道歉》，地点、人物、起因、结果一应俱全，值得借鉴。

（3）问句形式最贴心。微博、微淘文章标题采用问句形式，能引发用户的共鸣，如果用户想知道答案，必然会点击阅读。比如，一些美容公众号经常这样写：《有氧减肥，你知道多少?》《你真的了解微整形吗?》。

当然，不管采用哪种方式，不管我们多么想吸引眼球，标题都要与内容相符合，千万不要做标题党，否则将适得其反。标题与内容不相符，会让人产生作者不诚信的印象。微信微信，无信不立，违背了诚信这个原则，微信、微博、微淘营销也就无从谈起了。

内容为王，原创要写到心坎上

标题党令人反感，并不在于他们的标题。就事论事，他们的标题还是成功的，不然也不会吸引人上当。但过去也好，现在或者未来也罢，微营销阵地上宣传文章的内容永远是王道。

传统媒体的没落，并非是内容出了差池，而是读者在便捷性上做出了选择。尽管人们总在抱怨国人不爱阅读，但是其实阅读人群在不断增长。姑且不论人们在阅读什么。事实上，当人们打开一个新闻客户端的时候，他们就一定是在阅读。当然，他们也一定会在阅读之后作出评价，默默为我们点赞或者直接送我们一句"垃圾"。总之，不必担心没有读者，只需担心能否提供好的内容。

人人都是自媒体，公众号那么多，微博那么多，微淘宣传信息量那么大，如果没有内容而且是过硬的内容，凭什么在后微信时代，在微信、微博、微淘的世界里杀出重围？

在新媒体时代，内容的重要性不是降低了，而是增加了。不论什么时代，内容无非两块，独有内容和整合内容。

独有内容，也可称为独创内容。新闻，肯定不属于此列。我们尽量不要做新闻，因为我们不可能竞争得过凤凰、搜狐、腾讯等门户网站。在互联网时代，同质的东西不太可能同时大量存在。想做好一个微信公众号，借以宣传自己和自己代理的品牌，最好创建自己独特的内容。至于整合内容，特别千篇一律的大路新闻，二手新闻，由于技术含量低，太多人可以轻松复制，根本不用教。

其实人们之所以关注我们，很大程度上是因为我们能够为他们提供一些知识，分享一些价值，带来一些利益。这是人性。想钓鱼，先问问鱼儿想吃什么。吸引"粉丝"，就如同钓鱼；吸引来"粉丝"并让他们留在我们的鱼塘里，让他们长得更好，才能给我们创造价值。否则他们只需轻轻一点"取消关注"，就和我们脱离了关系。

在这里，我们要把握以下两点：

（1）知道用户想什么。

"粉丝"之所以关注我们，要么是希望获得经济利益，要么是想获取知识。所有的"粉丝"都是这么想的，唯一的例外是"粉丝"两者都想要。比如，一个关注我们的微信公众号、微博、微淘的"粉丝"，她可能既想掌握相关的产品知识，也想通过做我们的产品代理进行创业。我们在做内容规划时，就要对准他们的胃口，想他们所想，提供他们最想看到的东西。要对他们进行必要的分析，如性别、学历、职业、年龄、喜好……摸清他们的来龙去脉后，再投其所好，做到有的放矢。

（2）让用户有所收获。

微信、微博、微淘文章想吸引"粉丝"，想留住"粉丝"，甚至动员他们为我们义务宣传，就要站在他们的角度思考，站在他们的角度去执行。单纯地传播是没有意义的，事实上，也不存在不以价值为基础的传播。让用户认可我们的理由只有一个，那就是让他们持续有所收获。事实证明，有时候我们提供给用户的内容并非原创，仅仅是转载，但因为有价值，用户照样会点赞，会认同。而那些为原创而原创的原创，不具备内在价值的原创，创来又有何用？

搞原创，重在深度思考。人类一思考，上帝就发笑。

有发达的大脑，会思考，有思想，这是人类与动物的根本不同。一个优秀的自媒体人，一般来说应该具备比普通人更深刻的思想意识。当然凡事有个过程，从今天开始，为时未晚。

微信、微博、微淘的文章搞原创，最便捷的路是从结合热点新闻开始。同样的新闻，写出独到的观点，就是原创。这里的独到，可以体现在大的方面，也可以体现在微小细节。总之，要用心思考。原创当然不一定非要结合热点，要的只是那种基于对事件或人物的深度认知思考。原创时，要对人物有一定的深刻理解。

具体到文字层面的原创，则需把握以下三点：

第一，回到起点。

原创的时候，一定要认真看看网友在说什么。把网友的说法扩散给网友，基本上就成功了一半。同样的道理，如果暂时还没有那么深的功底，或者时间紧迫，来不及原创，可以利用或者借鉴各大门户网站或者时评人的说法。一篇汇聚百家说法的文章，不是原创，胜过原创。当然，一定要带着审查的目光去看待别人说的话，弄不好会搞成造谣的。

第二，有趣而不俗。

要想做到高质量的传播，一定要符合大众品位，同时又稍稍高于大众，也就是做到有趣而不俗。除非受众以未成年人为主，否则话题应该尽可能地丰富，但是永远不要拿低俗当趣味。

第三，巧妙使用排列对比。

中国的网民最喜欢做的就是排队、站队，微信、微博、微淘也一样，排列法与对比法是最好的方法。只要肯花时间，无论是把中国的原创歌手排列一遍，还是把中国的原创歌手与纯粹意义上的歌手进行对比，肯定都会受欢迎。

有些人内容也注意了，原创也很到位，但为什么还是收效甚微呢？一位朋友就这样问微营销做内容的老师。老师仔细地看了他的内容，确实是不错的原创性文章，很有品位，也很接地气，原因出在哪儿？我们一致认为，靠文章吸引来的用户互动性都比较低，他们大多是静静阅读，随后关闭，然后等待明天再来。所以，不要忘了互动，毕竟，微信、微博、微淘从问世起就是互动沟通工具。不要忘了，做微营销是个系统工程，如果微营销想做大，哪一堂课都很重要，都必不可少。

如何做出香喷喷的"鱼饵"

在微信、微博、微淘三个微营销的通道上，撒下去的香喷喷的"鱼饵"应该是什么？如何获得？

实验表明：当一个人想请求别人帮助的时候，如果能够讲出一个合理的理由，那么得到帮助的可能性就会更大。原因非常简单，人们总是喜欢为自己所做的事找一个理由。

我们要想使微营销的效果最大化，就要让消费者"帮助"我们做营销，让他们制造、传播和分享我们的品牌信息，从而引发更广泛的品牌传播。

现在是"内容为王"的时代，香喷喷的"鱼饵"除了由企业、产品、课程、项目、价值观等内容产生，更多的是由消费者自身来产生，消费者不只是信息的接收者，更多的是信息的制造者和把关者。

所以，我们此时要做的不是制造香喷喷的"饵料"，而是给他们什么样的理由说服他们"帮助"我们，营销内容必须有这种"影响力"，让消费者参与制造内容，成为我们的活广告。

星巴克这一点就做得很好：它总会给消费者各种各样的惊喜，顾客来到星巴克消费的时候自然有不同的消费体验，有些人就很乐意把这种惊喜和不同体验分享给朋友，这种基于买家产生的口碑体验内容会引发更多消费者的共鸣和讨论。

由此可见，成功获得消费者的关键，就在于营销内容必须给消费者创造一个理由，让他们制造与品牌相关的内容或产生自动传播。

企业、品牌、产品、项目、课程、价值观等内容和展现形式是多样化的，包括博客、视频、微博、活动等，不论哪种形式，我们认为最核心的就是受众之间的互动，没有受众的参与，微营销的内容就是一纸空文。

如何做内容的策略呢？

策略一，内容的趣味性需要保证。

谁也不愿意看长篇大论说教式的文字，要想夺人眼球，我们需要注意多样性，比如充分利用漫画、视频、图片、音乐等形式，多发布轻松简单的、趣味诙谐的、深刻有哲理的、感情化的内容，这样更容易促使人们去传播和分享。

策略二，时刻关注用户评论和反馈。

微营销平台相对于其他平台最大的优点，就是微营销者和用户、用户与用户之间，可以自由地沟通互动。为何说是优点？一方面互动可以使得传播形成几何式的效果，另一方面在互动中我们可以随时获得受众的反馈和建议。我们发布的内容需要适时更新，更新的依据，其实就来自于这些反馈和建议。

策略三，驱使消费者动起来。

即使我们发布的内容非常好，如果只是发布上去，也是不够的。要想发挥它的价值，就需要驱使我们的营销对象针对营销内容去建立新的内容、交流内容、购买产品或分享体验。

策略四，内容创造要有"人情味"。

微营销讲究与用户互动，这是一个与人打交道的工作。

微营销开始的时候就要注重与用户互动的营销，并且要在内容营销中投入情感，而不是一味在内容中插入广告，广告太过明显，用户肯定会反感，而如果能够从用户的角度为用户提供更好的建议，让内容有一定的回味，那么便是很好的营销策略。

策略五，定位营销内容有正确的方向。

要根据企业、产品、课程、项目、价值观等内容整体的微营销策略与定位,确定营销内容方向，比如想出售汽车，就会给受众普及汽车知识，如果想要提升服务的响应速度，营销内容可以是针对消费者问题的实时解答。

策略六，注意内容更新的频率。

人们最烦的就是频繁出现自己不需要的信息，如果我们发送的内容变成"垃圾信息"，不但不会促进营销，反而会损害微营销的形象，所以我们要注意发送频率，既不能太高，也不能太低，最好是固定更新规律，容易形成品牌记忆。

策略七，内容创造以用户为基础。

创意很多时候都是通过用户间的互动产生的，例如热门话题都是用户迫切想知道的，是根据用户回答整理的，当然这一点是基于"用户需要什么我们给他什么"的思维。

微营销要明确我们的服务对象，要清楚掌握受众人群的性格特征和偏好，还要清晰洞察目标对象的内心欲望。

硬广告＜软广告＜与客户互动

即便不是微营销业内人士，相信大家也经常会听到"硬广告"与"软广告"这两个词。

在以前，硬广告不外乎电视广告与平面媒体广告。它的优点是传播速度快，杀伤力强，受众广泛，可以反复播放增加公众印象。因此，到现在硬广告也备受营销者喜欢。因为它确实有效。比如我们熟知的史玉柱操刀的脑白金广告，一句"今年过节不收礼，收礼只收脑白金"，在黄金时间反复播映，让史玉柱东山再起，不仅还清了欠债还赚得盆满钵满。进入微时代，软广告大行其道，这种简单粗暴的硬广告的缺点也一一浮现，比如渗透力弱、费用昂贵、传播同质化等。

软广告与硬广告的区分主要体现在营销目的的包装上。硬，就是很直白的营销；软，好似绵里藏针，收而不露。等人们发现它是一篇夹带着广告的软文时，他们早已掉入对方精心设计的陷阱，而且不那么反感。它追求的就是这种春风化雨、润物无声的传播效果。如果说硬广告是外家的少林功夫，刚猛无情，烧钱无悔，那么，软广告则是绵里藏针、以柔克刚的太极，借力打力，花小钱办大事。

软广告虽软，但如果没有硬实力，也是操作不来的。时代在剧变，硬广告江河日下，但我们依然会在微信群、QQ 群里发现很多人动辄用一大堆图片、一大堆文字介绍，把我们的屏幕占满……很多人会很恼火，我也想问问发广告的人：这么发广告，效果有多大呢？

别再这么发了。要记住两句话：

第一句：硬广告不如软广告。

第二句：软广告不如与客户互动。

广告是干什么的？不妨从它的词源说起。广告源于拉丁文 Advertere，意思是"注意、诱导及传播"。后来演变为英文中的 Advertise，是"使某人注意到某件事"的意思。英国工业革命后，商业空前繁荣，"广告"一词开始流行。经济学家告诉我们，经济无非就是研究供给与需求的关系。社会上的商品很少时，不发广告，人们也会慕名而来，这倒不是酒好不怕巷子深，而是因为除了你这条小巷，别处无酒可卖。当社会上的商品较多时，广告的作用就显示出来了。只要发个硬广告，就会有人来买。当社会上的商品非常多的时候，人们都在发硬广告时，你写篇软文，做做软广告，就会软化一批顾客的心，促成销售。当社会上商品极多，处于买家市场，乃至到了不得不进行供给侧改革的时候，别人都学会软硬兼施，既打硬广告，也发软文时，你就必须做做新文章了。什么新文章呢？

互动。

在探讨如何互动之前，我们必须提醒微商看待硬广告与软广告不能太机械、太僵硬。比如有些朋友看完上面所讲，就一条硬广告也不发了，这未必全对。

成功学中有个"二八定律"，也叫"20/80 法则"。该法则揭示，世界上20%的人拥有社会财富的80%，我们日常工作中的20%至关重要，而剩下的80%平平常常，公司80%的销售来源于20%的销售人员，等等。该法则的价值在于提醒我们关注那些真正值得我们关注的20%，而不是80%，更不是100%。"20/80 法则"也适用于微商行业。我们的朋友圈中最多只有20%的广告，否则就会让人反感，客户即使不拉黑我们，也不会看。其余的80%发什么呢？价值。

换言之，我们只是说"硬广告不如软广告"，而不是说硬广告一无是处。如果我们将来实力壮大，去央视做个硬广告，也没什么不好。从一定程度上说，做软广告也是资金有限者的无奈。正所谓"软广告变硬不可怕，硬广告够软人人夸"，执迷于硬，效果会很软，执迷于软，则是另一种硬——生硬！

我们发广告也好，发价值也罢，最终都是为了销售。所谓软广告，就是说我们尽量不要在朋友圈直接推送产品信息，尽量通过自己的分享或者是朋友的反馈等方式去达成目的。试想一下，当我们同时在朋友圈里发布硬软两种广告，前者是赤裸裸的产品图片，后者则是他本人具体使用产品的照片再加体验感受或者是自己使用前后的效果对比图，相信不用我说，大家也都知道后者更受圈内好友欢迎，也更有效果。

【反馈篇】
美女朋友为我们欧诗漫代言啦！珍珠美白套盒，细
腻好吸收💪我的最爱我喜欢💟💟💟

17:56

　　做到这一步，还仅仅是入门而已。做微营销，微信、微博、微淘的互动是必修课。

　　仅就发微信朋友圈而言，互动就是说我们不要光顾着自己发，然后看到有人点赞就开心，有人留言就乐观。想要别人为我们点赞，就先去为别人点个赞。想引起别人的关注，就先试着关注别人。当然，互动不是让人一味点赞。做微商，总的来说是个走心的事业。不分青红皂白，上去就点赞，那是传说中的"点赞狂魔"，往往会引发负面效果。

　　举个例子，某客户家中明明发生了不愉快的事情，比如情侣吵架了，钱包丢了，奖金被扣了，一个人看都不看，直接上去点赞，客户会开心吗？当然不会，只会觉得这个人幸灾乐祸。

　　赞美人人都需要，这是人性的特点，但点赞要点在点儿上。有一天，某人看到一个潜在客户在朋友圈里发了自己成功拿到驾照的照片，马上给她回复朋友圈，说李姐看到您拿到了自己的驾照，真替你开心，恭喜你！这个潜在客户之前还有一点点小反感，但点赞之后没多久，她就成为了客户。

看，朋友圈营销就是这么简单，我们只需要和潜在客户们经常进行互动，一定会有不错的战绩。

再重复一遍：硬广告不如软广告，软广告不如与客户互动。如果我们经常在别人的朋友圈里刷存在感，久而久之，我们用心地点赞和评论必然会引起对方的关注，对方肯定会想这人是谁呢，为什么总是来给我评论呢？慢慢地，他对你就有印象了。以后能否成交，能否把对方发展成我们的代理，是以后的事，至少已经开了个好头，不是吗？

"晒" 出来的诱人魅力

微营销晒什么呢？

（1）晒辛苦。

初做微营销时，首先要晒辛苦。晒辛苦，不是让一个人去叫苦，当然更不是埋怨，而是要通过晒辛苦让别人看到我们开始在忙碌新的事业，让大家觉得我们的事业是真实的，是值得的，这个人是值得认同的，值得追随的，等等。举例说明，如果一个人是宝妈，可以在中午时发张宝宝的照片，配上自己打理产品的照片和"家里的小霸王终于午休了，现在开始给大家打包发货，各位小主久等喽……"之类的字样。这样是不是就在无形之中宣传了自己的生意？同时可以激发人类伟大的同情心，让大家支持一把，或者加入微营销者的麾下？

（2）晒激情。

做微营销的激情，没做过的人是不会了解的。特别是那些宝妈，没做微商之前，每天陪伴宝宝，生活自然也是满满的充实，但是不是没有别的乐趣所在？是不是没有更多的忙碌点、着眼点？也没有别的外界交集？而从事微营销以后，她们是不是找到了改变命运的契机？更不要说做了微营销之后，她们交到了很多朋友，每天吸收到很多正能量，激情满满。

在做微营销的过程中，是不是会有很多感悟？这些感悟是比激情更伟大的收获。激情总会过去，但感悟往往影响久远。而且一个人的感悟模式一开启，通常也是停不下来的。仅仅是赚钱，没什么了不起，不做微商，也可以通过别的赚钱。但成为一个会思考、有悟性的人，实在不容易。人们愿意接近那些成功人士，难道仅仅是因为他们有钱吗？人性告诉我们，人们接近他们，是为了获得一些教益、道理或人生哲学。如果一个人能时不时地产生些小感悟，特别是那些有说服力的小感悟，是不愁无人与你共鸣的。一旦有了共鸣，无论是达成销售业绩，还是团队壮大，都是水到渠成的事。

（3）晒发展。

人们常说，要用发展的眼光看问题。朋友圈里的人何尝不是这样的呢？刚开始做微营销，大家不信任我们，是非常正常的。因为我们还不值得信任。我们必须拿出一定的成绩来。等我们有了成绩，有了成就，他们会自己说服自己信任的。具体来说，晒发展就是随时晒自己的状况，在后期晒的时候要尽量结合前期，比如刚刚做微商时是什么样子，做了一个月之后又是什么样子，半年后又收获了什么……让别人看到我们一路走来的付出和收获，成长与发展。在晒发展的过程中，要注意集中展示两点：第一是做微商后自己的成长或者是直观的收入增长；第二就是让人看到我们的坚持，微营销者的坚持是对产品品质的无形宣传，过硬的品质是让人坚持下去的基石，是走过泥泞、迎来彩虹的前提。

（4）晒用户。

这一点比较简单，也就是让人了解到我们的朋友圈里用户非常多。毫无疑问，这是一种展现个人优势与团队优势，增加别人对我们的信任感的好方法。

（5）晒社交。

这一晒，可以根据个人情况，尽情发挥。比如我们的主业是做房地产的，那么在工作中参加一些有价值的楼盘开盘活动，发发相关的图片与资讯等，肯定受那些有购房需求人士的欢迎。再比如平时跟小姐妹、同学一起出去聚会、旅游的照片，也可以当成社交资源，我们可以在发圈时顺势写上"做微商就是不一样，可以一边玩一边赚，自由自在！"类似的软文，会让我们朋友圈里那些喜欢游玩的潜在代理非常羡慕，蠢蠢欲动。

（6）晒媒体。

虽然现在是自媒体时代，但主流媒体永不过时。相对来说，主流媒体的新闻报道还是更具权威性与说服力的。如果主流媒体的新闻资讯中提到了我们的产品、厂家或者其他与之相关的正面信息，一定要及时发到自己的朋友圈里，这会让顾客的信任感更强，有利于接下来的业务开展。

（7）晒成交。

这几乎可以说是最重要的一点。试想，如果我们每天都在晒，晒这晒那，反复宣传我们的产品有多好，我们的人品有多棒，但就是没有成交，别人会怎么想？举个简单的例子，我们网购时，在看中一件衣服后，买之前是不是一定会先看看它的销量以及所谓的买家秀，看看别人买到实物后的反应和效果？做微商说到底也是做网购，那些潜在买家的心理是同样的。看不到我们的成交，他们会自然而然地想：人们还是识货的。这产品太差，所以一件也卖不出去。所以，我们要定期在朋友圈晒我们的成交记录和反馈记录，让顾客看到我们产品的品质所在、效果所在，才能百尺竿头，更进一步，卖出更多产品，吸引更多代理。

（8）晒团队。

有团队，本身就是一种优势。晒团队都晒些什么呢？可以是团队的课程，也可以是团队成员的成长经验，还可以是团队成员一起玩游戏、相互帮忙解决产品疑问、销售疑问的场面等。这些主要是晒给小白看的，他们看到我们的团队就像一个大家庭，如此有爱、有魅力，自然会被吸引过来。现在早不是一个人单打独斗的时代了，选择一个好的团队、好的品牌，抱团打天下更加容易。这个道理，小白们还是懂的。我们没有这些优势，人家选择我们干什么？有优势不晒出来，照样没有帮助。

（9）晒产品。

诗人卞之琳说，你站在桥上看风景，看风景的人在楼上看你。一个人可能是在漫不经心地发着朋友圈，但有心人正在看着这个人呢！人家在审视这个人，在给这个人估值。别人在想：这个人值多少钱？是否值得信任？加入他的团队能有多远的未来？等等。

这里需要提醒的是，晒产品并不是一味发广告。必须发广告时，也要以软广告的形式，以分享价值为主去发，这样即使不能吸引人，至少也不会惹人生厌。

还有没有更多的晒点呢？应该说是有的，比如晒品位、晒增员、晒领悟等，不妨这么理解，凡是对我们开展业务有利的内容，都可以拿来晒。

内容吸引客户的法则

做微营销的文字内容，要有硬料。内容好的文字，再借助一定的技巧，就会吸引人。

有时候，内容不在于篇幅长短，而在于是不是足够抓住人心。

微信、微博、微淘拥有庞大的用户群体，企业、机构怎样才能挖掘用户的价值、为用户创造更好的服务、创造更强的用户黏性？微信公众账号应运而生。

"再小的个体，也有自己的品牌"这是微信公众平台的广告语，也是微信对公众账号的定位：让每一个个体，无论是企业、机构还是个人，都能在这个平台上找到属于自己的位置，传递自己的品牌价值、把自己的内容销售给客户。

现在已经有数不胜数的微信公众账号，涉及教育、航空、金融、保险、运营商、政府、媒体、快递等各行各业，每天都有海量的信息通过这些公众账号推送到用户的手机上，为用户提供贴心的服务。

为什么越来越多的微营销企业加入微信公众账号的行列之中？下面我们就来看一下，微信公众账号具有哪些价值。

（1）找到用户并牢牢抓住他。

微信、微博、微淘的内容，都是为了寻找客户，实现销售盈利，让客户满意、提高生活质量，与我们微营销者成为朋友。

微信公众账号是需要订阅的，只有对这个公众账号感兴趣的用户，才会选择订阅它，而订阅就意味着：用户是愿意接受这个账号推送的各类信息的，并且也会因为这些信息而做出相应的消费行为。这样一来，企业、机构和个人就能够准确地找到用户，然后通过精彩的、有吸引力的内容来牢牢抓住用户。

微信没有像微博那样的"排行榜"，微信用户是看不到公众账号的订阅量的，即使是公众账号本身，也不知道自己的订阅量在所有的公众账号中排名第几。这是因为对微信公众账号来说，重要的并不是订户的数量，而是订户的质量。因此，公众账号运营方无须花费大量时间和精力"刷粉"。只要用心做好内容，为用户提供真正有价值的信息，公众账号就能进入到微信用户的视线之中，也只有这样，才能获得忠诚和活跃的用户。

企业虽然希望为用户提供更多的信息，但能够被推送到用户手机上的信息总是有限的。如果只是为了发送内容而推送一些价值不大甚至毫无价值的垃圾信息，反而会骚扰用户，使用户取消关注。与其用过度推送来影响用户，倒不如在自己的专业领域里精耕细作，用丰富的、有用的信息来抓住用户，将自己的公众账号做到精品化。

（2）为用户提供贴心的服务。

微信、微博、微淘的用户、客户、"粉丝"之所以会与我们联系，是希望能够从我们这里获得美好的内容。

微信用户为什么会关注某个公众账号？根本原因在于，这个公众账号能够为用户提供服务。用户不可能只为了每天接收一些无聊的信息而关注一个公众账号。因此，微信公众账号必须能够为用户提供贴心的服务，并用这种服务来使用户对自己形成一种依赖和信任。

而贴心的服务，就是在用户需要的时候，招之即来；在用户不需要的时候，挥之即去。在大多数情况下，用户都希望在自己有需求产生的时候，能够方便、快捷地找到某个产品或服务，使需求在最短的时间里得到满足。在某些情形下，用户也不会排斥微营销者主动发送过来的信息，只要这些信息恰好是他们需要的，是有价值的。

从这个角度来说，微信公众账号无所谓大小，而在于服务。哪怕用户一个月甚至半年才会用一次，只要那次用的时候，我们提供的服务令他满意，他就不会从通讯录里将我们删除，而是会对我们产生依赖。

（3）真情交流、多向交流。

很多人认为微信是一个双向交流的工具，其实，微信的交流维度不仅限于此。人们可以通过微信多向交流。比如，微信公众账号群发消息给所有的用户，这种"一对多"的沟通方式就是多向的。除此之外，"二维码"也是多向交流的一个有效工具。不管是用户还是公众账号，都拥有一个属于自己的二维码，我们把二维码发送给别人或者打印到海报上、张贴到墙上，别人拿起手机轻轻一扫，就能轻松地在微信上找到我们，如果对我们感兴趣，还会添加为好友。

（4）引流导流工具。

微信公众账号还是一个用途广泛、效果良好的引流导流工具。首先，微营销者可以通过微信公众账号进行各种推广活动，使大量的用户成为自己的"粉丝"。其次，微营销者可以利用公众账号的推送、客服等功能来进行关系深化、培养用户习惯，从而促使用户做出消费行为，达成交易。最后，微信公众账号还可以通过线上线下的融合，把在微信上培养出来的忠实用户导流到实体店里。

有了微信公众账号，只要用户不取消关注，企业就可以随时进行信息的推送，随时为用户提供服务，并随时随地与用户进行沟通，获得他们的反馈。

摆在我们面前的首要问题是，怎样才能制造与众不同的内容？

第一，不能缺少人情味。

微信、微博、微淘的内容，要像充满感情地讲真实的故事一样，让读者融入其中，使其在感受故事时无形间接受产品信息。

劳斯莱斯汽车视频，为我们讲述了一个故事——

一个劳斯莱斯4S店的维修工，出门试驾刚修好的车，在途中突遇倾盆大雨，这时候他看到路边有一个女孩没有带伞，于是主动送女孩回家，也就是这次雨中邂逅，让他们产生了感情。没过多久，劳斯莱斯车主来提车，维修工看到那个女孩来到了4S店，原来，那个女孩正是劳斯莱斯的车主。

这个故事向我们阐述了，爱情没有贫贱贵富，在梦想面前每个人都是平等的。

人是有感情的动物，增加内容的真实性，让内容有血、有肉、感人，就能吸引大量的消费者。

第二，设置悬念，牵着消费者的"鼻子"走。

微信、微博、微淘三微的文字内容，也需要注重悬念，我们可以把这些内容编排成一个长篇连续剧，设下一些目标消费者关注的问题，而最终解开谜团的时候，恰恰是我们宣传的产品出场的时候。这种方式可以抓住消费者的好奇心，促使其继续阅读下去。

当然重要的是合情合理，这是一个需要智慧的工作，故弄玄虚只会引起读者的反感，并不会让他们买账。

第三，简单为王，没人喜欢看繁复的内容。

微博字数少，传播效果十分明显，微信的篇幅也不能太长，微视频都不会超过20分钟，可见简单，小微是微营销平台内容的主要特点。

现在人们在等车、吃饭碎片化的时间，会拿出手机，看看信息，长篇大论、繁杂琐碎的内容，人们是不会买账的。所以我们制造微营销内容，切记，简单为上，这也是微营销最大的优点，在简单的生活中，享受快乐轻松的购物。

第四，快速切入相关的热点。

主流媒体也会关注当下一段时间的热点，我们微信、微博、微淘的一些内容力争紧扣这些热点，这一点我们也可称之为事件营销。这些事件、热点可以是社会热点问题，也可以是突发性事件或政府文件、科技成果的发布，也可以是重大节日。

与热点结合，要注意两方面的要点，一要快，二要狠，就此做文章。

第五，以"假"乱真，赢得客户的信任和尊重。

微营销发布的内容要像新闻一样，真实可信，增加内容的阅读量和接受度。

比如，写一个关于治疗腰椎间盘突出的秘密配方的文章，我们就可以按照新闻的形式来撰写，文章主标题是《故宫博物院惊现百年前治疗腰椎间盘突出的秘方》，副标题是《故宫博物院整理历史文化遗产，宫廷御医贡献祖传秘方》。这篇具有新闻特点的文章，会吸引关注新闻的人士及腰椎病患者和家属。但要注意，这样写的目的不是欺骗消费者，要以充分的事实为依据，否则会得不偿失，我们的目的是快速吸引潜在用户的注意力。在眼球经济时代，用户的眼球非常的重要，能迅速吸引消费者的内容，才能被称为好内容。

第六，生动、有趣很重要。

现代人的工作、生活压力都很大，拿起手机更多的是为了寻求娱乐。高大上的论调，人们往往不愿意听。更多的人会选择不用动脑的信息，所以我们对微营销内容的定位，就是要求生动、有趣，能带给人们快乐。

第七，与消费者互动很关键。

与目标消费者互动能达到提升传播效果、促进销售的目的，任何人都无法抵御免费的诱惑，所以可以通过奖励，调动客户参与的热情，比如，正确回答提出的问题可赠送礼品或有奖征文等形式。比如，我们可以让读者在文章中找错别字，找到错别字后奖励相应的优惠券等，以这种形式鼓励他们仔细阅读我们的内容。

第七章　微营销的平台建设

微营销的平台建设，很多时候表现在微信平台的建设上。微博与微淘的内容表达，也是以销售产品为目的：通过信息平台把产品顺利销售出去，造福消费者和客户。

微营销平台的定位方向

微营销的平台建设，涉及微信、微博、微淘等社会网络媒体，实际上，它们的定位是一样的。

具体来说，微信公众账号、微博、微淘的定位可以从四个方面入手：

第一，充分聚焦，针对目标市场。

微信、微博、微淘都要有一个具体的营销对象，这个营销对象是根据产品、课程、项目、价值观等微营销的内容来决定的。

具体到微信公众账号的定位，必须要针对目标用户来进行，只有这样，目标用户才能够顺理成章地成为企业的传播对象，而这些特定对象可能只是这个品牌所有传播对象中的一部分。因此，微信公众账号的定位一定要站在满足用户需求的立场上，借助于各种传播手段，让品牌在用户心目中占据一个有利的位置。

第二，一切以用户为中心，提供"服务"而非"骚扰"。

企业开通微信公众账号、微博或者微淘的时候，必须要明确，这是一个服务客户的工具，不要把它当成一个完全的营销平台。

微信公众账号、微博、微淘为用户提供的应该是"服务"，而不是"骚扰"。如果推送过多的信息，只会对用户的心智造成扰乱，使他们不堪其扰，最终取消关注。

第三，量体裁衣，以销售内容特点为基础。

定位的目的是使产品、品牌通过微信公众账号、微博、微淘这些平台与通道，得到更好的展示，从而吸引更多的消费者。

在为微信公众账号、微博账号、微淘定位的时候，必须充分考虑产品的特点，解决一个核心问题：我是谁，能为用户提供什么？比如，如果我们的产品是彩妆，定位的目标对象就是18～25岁的年轻女性群体。如果我们的产品是保健品，定位就是保健行业，而不是饮料行业。

第四，充分关注竞争者。

在进行微信公众账号、微博账号、微淘定位的时候，竞争者也是一个重要考虑因素。关注竞争者实际上是为微信公众账号、微博账号、微淘的定位寻找准确的参照系。

在市场竞争日益激烈的情况下，几乎在每一个细分市场上都会出现一个或多个竞争者。因此，在对微信公众账号、微博账号、微淘进行定位的时候，应该充分考虑竞争者的情况，从而和竞争者区别开来，制造差异，凸显出自己的竞争优势，用自己的优势去战胜竞争对手。跟进和模仿只会失去个性，失去用户的信任，做得再好，也只会被用户视为一个"超级模仿秀"。

要做到这一点，就要尽可能地做到差异化，打造出独特的微信、微博、微淘风格。在这方面，有两个原则：

第一是"人无我有"，为用户提供其他竞争者无法提供的东西，用户自然会被吸引，愿意关注我们。

第二是"人有我优"，如果我们和其他竞争者为用户提供同样的产品，但我们的服务却明显优于其他人。同样，也会得到用户的青睐。只有这样，才能让我们的微信公众账号、微博账号、微淘的定位更加准确、创新、独特，才能从众多公众账号中脱颖而出。

做好平台基本内容和外在形式的美容

千里之行，始于足下。

想做好微营销，必须提升自己的基本技能。

我们先从微信的微营销具体说起——

做微商不是在朋友圈发发信息、卖卖东西那么简单。反过来说，在朋友圈发信息、卖东西，是每个微商绕不过去也不该绕过去的一步。但是，它也不复杂。下面我们就来讲述一些基本且必要的设置。

（1）昵称。

什么样的昵称算好呢？这没有一定之规。但我们可以举一些反面教材，在一个代理团队中就有现成的例子。这是他们之前的昵称，后来都在建议下改了。

第一个：××玲公子。

两个×，不明所以，画蛇添足。

第二个：凌懒洋洋。

没有记忆点，伪创新。

第三个：小薇是个蛇精病。

自嘲得过火，想表达的意思太多。

第四个：A 張欣。

和第一个昵称相比，这个名字中的 A 是有用、有意义的，因为带大写字母 A 的朋友会自动排在我们的微信通讯录最前面，方便查找。但这个名字中的"張"大有问题，因为繁体字无论是输入还是查找，都非常麻烦。不备注的话，只能在好友中一一翻找，这就是在挑战我们潜在客户的耐心了。客户想买东西时找不到你，你就有可能错失订单。

第五个：让时间说真话。

这个昵称，根本就不像昵称，它不像一个人名。它是一句格言，让人无从记起，又让人莫名其妙。比如有人在群里看到我时，他会说："文乐，你也在群里呀！"看到他时则会说："让时间说真话，你也在群里？"是不是很别扭？我们不妨就这个名字做些延伸。"让时间说真话"，说的是时间的伟大，谎言也好，虚伪也罢，最终都会被时间戳穿。我们起昵称时也要考虑这一点，要尽量取一个经典的名字。只有经典的名字，才具有永恒性，才会让人看到时眼前一亮，并长久地保留在心中，而不是过于泛泛，让别人在第二次看到时就觉得很路人、很陌生。

昵称相当于我们在微信上的身份证。真实的身份证，我们要妥善保护，不要轻易泄露个人信息。但昵称，尤其是微商的昵称恰恰相反，要尽量传播。因此，我们的昵称必须好记，容易传播，切忌太复杂，简简单单就好。经常看到有些人挖空心思，把自己的昵称弄得乱七八糟，又是字母，又是数字，这又不是设密保，只会起到相反效果。昵称过长也不好，一般两三个字就行，最多不要超过五个字。

（2）头像。

依然从我之前的代理中选负面教材，为了更直观，这次我们看图说话。

不要用家人的头像，大多都不认识，缺乏印象。

头像模糊了，留下的印象就不太好。

不要用动物，除非这个形象是你专属的。

变形的头像会特别别扭。

头像中的头像，也是不合适的哦。

把文章写在头像上，显得非常不干净。

关于这六个头像哪里不合适，大家看配图的文字解析即可。我简单讲讲头像设置的要求：

第一，建议不要用景色，不要用网红，不要用动物。如果我们做的产品不是自己的品牌，就不要用品牌 LOGO 做头像。个人的微信号，要避免商业信息，要有亲和力，尽量使用自拍照。如果觉得自拍照不够美，也可以去网上找张美点的照片，但不能太美。太美的话，别人会觉得不真实，不敢接近。建议可以选一些接近生活的邻家女孩、邻家大哥式的照片。

第二，图片要清晰，不能模糊。别人都看不清我们的脸，怎么信任我们？图片最好用正方形的，尽量不用变形的，这样我们的头像看起来会比较真实，比较生活化，引流或者混群时，别人会乐意主动添加你，周围跟你打招呼的人也会相应变多。大家可以去搜索一些微商大咖的头像，再对比一下自己的头像，相信会有所收获。

这样做，主要是为了避免自己看起来像做微营销的。尽管这话听起来有些辛酸，但现实就是如此，如果我们看起来像做微营销的，很多人是不会和我们打招呼的。不信我们可以扪心自问，有微商主动加我们，我们愿意通过验证吗？我们会加他吗？

大多数人的答案是不会，但我提醒大家，从现在开始，我们必须有一个通过一个，有一个加一个。我们平时看到微商的头像便不高兴的思想其实是错误的，因为人首先是消费者，其次才是创造者，大部分做微营销的，源于他们有在微信上购买的习惯。他们虽然做微营销，但他们也是潜在客户以及潜在的代理。所以，我们不仅要加他们，还要善待他们，经常跟她们聊天，最终把他们转化为客户或代理。

很多大咖特别喜欢做微营销的，因为他们打钱痛快，不会问一堆问题。为什么痛快？因为微商与微商、做微营销的与做微营销之间有莫名的信任感。微商要么不开口，要么直接问：怎么代理？怎么付款？换成小白，一堆问题问下来，一周时间就过去了。好不容易发展成代理，又一周时间打不过钱来。不论他们打钱不打钱，问题总是没完没了。似乎所有的小白都读过一本书——《十万个为什么》，通常被他们问到的包括"你万一收钱拉黑我怎么办？""万一你不给我讲课怎么办？""万一我听了学不会怎么办？"……带一个有微商经验的，可能几天就上手了，没准对方都不需要你带，还能和我们交流些我们所不知道的技巧与心得。带一个小白，可能要两个月，甚至更久，我们花费的精力和时间会比带熟手多，而时间是最大的成本。这并不是说微商小白不能带，而是说带熟手会相对更加有利。

（3）个性签名。

如果还没有什么拉风过硬头衔的话，建议大家就乖乖的，写点文艺话，比如：

生活不是林黛玉，不会因忧伤风情万种；

一切坚强，都是柔软生的茧；

自知微小，却不曾放弃点滴努力；

这一秒不失望，下一秒就会有希望……

有一位作家前辈曾经说过："写书，很简单，你喜欢什么样的，读者就喜欢什么样的。"他的意思是要站在普通人的视角去写作，这种思维无疑也适用于写个性签名。所谓个性签名，就是写一句你喜欢的话，不知道怎么写，实在写不出，去百度一下，或者在豆瓣上找些正能量、小文艺、小清新类的文字扒一两句，也没什么不可以。

无论如何，不要傻傻地写"××代理，面向全国招商"，更不要像以前一个代理的个性签名："××产品招商，你看不起微商，我还看不起你呢！"当时看完整个人都觉得不好了，这样可不行。试想一下，如果我们不是微商，我们看到她的个性签名时会怎么想？多半会想，此人真是太有个性了，我消受不了……基本上是不会再看下去了。莫说我们设置个性签名是为了让人喜欢我们，进而成为我们的客户或代理商，即便不存在潜在利益，我们是不是也应该站在别人的角度上考虑一下？

（4）朋友圈封面。

朋友圈封面放一张唯美的图片，从整体上看让人觉得我们有内涵、有素养、有修养，值得信任、值得托付、值得合作等。注意不能把支付宝账号、银行卡号等制作到朋友圈封面上。人们看到这种背景墙，一眼就吓到了，马上就会退出。这样一来，头像如何、个性签名如何、昵称如何，都不重要了，因为人家根本就不看了。更严重的是，一旦被人举报，基本上是会被封号的，而且不能解封，也就是永久封号。无心之失，导致封号，这是不是太不值了？

微信、微博、微淘三微平台都要注意让外在形象具有赏心悦目的吸引力，基本内容的建设、外在形象的美容都十分重要。其实，外在形象、基本内容，都是本质的体现，内外都要兼修，内外兼秀。

平台名字要醒目

做微营销，要注意平台的名字是不是有吸引力。微信要有一个好昵称，微博要有一个好名字，微淘要有喊得响亮、让人记得住的店铺。

在遥远的加勒比海上，有一个叫作"猪岛"的小岛，多年来一直默默无闻。后来，当地人给它改名为"天堂岛"，从此之后，这个小岛的美名开始传扬，游客如织。由此可见，一个好的名字是多么重要。对于微信公众账号来说也是如此，好的名字就像是钩子，会把品牌高高挂在用户的心智中，让他们过目难忘。

微信公众账号、微博的名字对它的自然流量增长以及它在用户心目中的定位是非常重要的，因为无论用户是第一次搜索公众账号、微博名字，还是关注后每次打开公众账号、微博账号，第一眼看到的都是公众账号、微博的名字，很容易就会形成先入为主的印象。而且，微信公众账号的名字一旦确定了，就无法再更改。所以，在开通微信公众账号的时候，一定要谨慎取名。

在取名的时候，可以遵循以下几个原则：

（1）好记，能迅速传播。

无论是传统互联网，还是移动互联网，都有一个鲜明的特点，就是传播速度快。其他媒体或平台上需要很多年的积累才能达到的传播效果，到了互联网上，可能短短十分钟就能达到。每天，我们都会看到，很多人通过微博、微信等新媒体一夜爆红。因此，微信公众账号、微博的名字、微淘店铺名，必须要好记、能够迅速传播，做到这一点，才能为以后的宣传推广打下坚实的基础。

（2）包含目标关键词。

微信有一个搜索功能，用户可以通过搜索关键词来查找自己感兴趣的微信公众账号。因此，如果想让自己的微信公众账号更快速地被用户搜索到，就应该在取名的时候包含目标关键词。比如，如果一个微信公众账号为用户提供的是旅行攻略，名字里就一定要包含"旅行"这个目标关键词，这样，那些对旅行感兴趣、希望获得旅行攻略的用户就可以通过搜索来找到这个账号了。

微博的博主称呼、微淘店铺的查找，都要方便快捷。

（3）加上区域名称。

微信是基于地理位置服务的平台，因此，大多数微信公众账号的目标群体都是某个特定区域的微信用户。在取名的时候，最好加上区域名称，比如北京旅行攻略、南京外卖网等，这样，才能更有效地获得精准目标用户。

除了以上三个原则之外，微信公众账号取名也有一些忌讳：

（1）名字不应太短或者太长。

微信公众账号、微博的名字不要太短。

比如，一个提供美食菜谱的公众账号，如果取名"美食"，是不可能吸引到目标群体的。这样的名字一是没有特点，二是过于宽泛，没有针对性。用户在进行微信搜索的时候，这样的公众账号排名通常会非常靠后，很有可能根本进入不了用户的视线。即使用户发现了这个账号，面对这个名字，他们也会感到非常迷茫：这是一个什么样的微信公众账号？做美食推荐的，还是推送美食图片的？最后自然不会选择关注。

太长的名字也不会引人注目，首先它会给用户一种啰哩啰唆的感觉，其次还会给人留下不专业的印象，关注度自然不会很高。

（2）尽量避免使用生僻的词汇。

作为一个公众平台，微信是相对比较封闭的，大部分用户都是通过搜索来添加关注的。如果微信公众账号的名字过于生僻，用户在搜索的时候就会遇到困难，搜索率自然不会太高。

微博的博主名，也要让人记忆深刻，记得住。

微淘也是如此，通俗易懂，记得住是基本原则。

（3）不要使用宽泛的词汇，越精准越好。

很多人往往会有这样的误解：名字越宽泛，用户搜索到这个名字的概率就越大。事实恰恰相反，宽泛的名字通常搜索量和关注度都很低。比如，为用户提供路况查询服务的微信公众账号取名为"路况查询"，用户是否会买账呢？答案是否定的。因为用户希望获取的路况信息通常是某个区域的，比如北京、上海等具体的城市。取名为"北京路况查询"，才能锁定用户群体。

给微信公众账号取名的时候，一定要记住：名字是为关键词搜索服务的，精准到位的关键词检索才能使用户更快捷、更方便地找到你，做到这一点，才能在众多公众号中脱颖而出。

微信公众账号的名字是可以重复的，搜索"北京旅游攻略"的时候，可能会搜索出很多重名的公众账号。但是，ID在微信这个平台上是独一无二的。

在微信的世界里，无论是个人还是公众账号，都会有一个 ID。这个 ID 是我们辨别身份的唯一标准。取一个好的 ID，有助于微信公众账号获得更多的关注。

设置公众账号 ID，最重要的原则是：越简短、越有效。目前，微信的 ID 是由纯英文或者英文加数字的组合构成的，最少是六位数，如果能取到一个较理想的六位数，就尽量不要取七位数。太长的 ID 会增加用户记忆的难度，也会提高用户搜索的门槛，给用户带来很多不便。难度高，用户就有可能会放弃，这样，无形中就会流失很多潜在的目标用户。

除此之外，设置公众账号 ID，还应该遵循以下两个原则：

第一，与企业的品牌、公众账号的名字要有高度相关性。

微信公众账号的 ID 与企业的品牌、公众账号的名字要有高度的相关性。只有这样，才能形成集群效应，才能在用户头脑中不断重复，被他们记住。比如，建设银行上海分行的微信公众账号 ID 为 sh_ccb，《创业家》杂志的微信公众账号 ID 为 chuangyejia，华为公司的微信公众账号 ID 为 huaweicorp，百度贴吧的微信公众账号 ID 为 baidu_tieba，《商业评论》杂志的微信公众账号 ID 为 shangyepinglun，杨幂的微信公众账号 ID 为 miniyangmi，李开复微信公众账号 ID 为 kaifu……这些 ID 与他们的品牌都是一致的。

第二，好记并且容易搜索。

我们与别人交换手机号码的时候，如果对方的手机号码中含有"1234"或者"5555"等数字组合，就会非常好记。一个好记的手机号码，即使当时你没有存储到手机中，过后也可能会想起来，及时记录下来。微信 ID 也是如此。如果公众账号的 ID 非常好记，就会在用户头脑中形成一个深刻的印象，他会记住这个 ID，并通过微信的搜索功能找到和关注。

微信 ID 是独一无二的，如果一个 ID 名被其他人抢注了，就只能无奈地想其他名字了。所以，注册公众账号赶早不赶晚。

做好功能介绍，让受众第一时间记住我们

与陌生人初次相识的时候，人们通常需要自我介绍，对自己进行描述，这是向别人展示自己的一个重要途径。自我介绍，会直接关系到一个人给别人的第一印象，甚至还会影响到以后的交往。微信公众账号的功能介绍就相当于初次见面的自我介绍，是用户了解公众账号的一种方式。

好的功能介绍，能够使受众第一时间记住这个公众账号，激发起用户对这个公众账号的热情。那么，什么样的功能介绍，才能达到这样的效果呢？首先，我们应该明确，能为用户提供什么样的服务或者为他们创造什么价值，然后把我们的服务与价值用简单、直白、有吸引力的语言描述出来。比如小肥羊集团微信公众账号的自我介绍是：知名火锅餐厅品牌，特色滋补锅底；招牌羊羔肉，内蒙古产地直供。艺龙旅行网的微信公众账号自我介绍是：订酒店，查攻略，查天气，查列车，查机票，查全球景点，偶尔支持调戏。绿淘网的微信公众账号的自我介绍是：您身边最优质的外卖平台。叫外卖，上绿淘。这些微信公众账号都用清晰的语言把自己的服务罗列了出来，让用户一眼就能看到自己关注这些公众账号能够得到什么。

当然，公众账号的功能介绍也可以不写企业、商品的简介或者是主营业务，而是突出自己的个性。比如"背包旅行"的公众账号介绍是：出发，遇见一程旅行，看见一个人的风景，打开地图，戴上耳机，背包旅行，留下旅途的回忆。"小道消息"的公众账号介绍是：只有小道消息才能拯救中国互联网，只有小道消息才能拯救中国创业者。不关注小道消息，关注谁？

微信公众账号还可以直接把促销活动或者优惠信息放在功能介绍上，以此来吸引用户关注自己。比如可口可乐微信公众账号的自我介绍："午后畅

爽秒大奖"活动正在进行中，关注可口可乐官方微信，点击下方菜单中的"三点秒杀"即可查看活动信息。每天 300 台三星手机 0 元秒杀，5 万款爆款商品 3 折起售！

总而言之，微信公众账号的功能介绍一定要简单直接，有特色、有吸引力。只要能够让受众第一时间记住你，公众账号的运营就已经成功了一半。

欢迎语：给用户一个导航图

用户关注了某个微信公众账号之后，马上就会收到运营者提前编写好的一段欢迎语。这段欢迎语是微信后台自动发送的，可以是文字、语音，也可以是图片、视频,是微信公众账号与用户之间的第一次交流、互动。

欢迎语有两大作用,一是引起用户的注意,使其产生良好的第一印象,从而保持对微信公众账号的持久关注;二是给用户提供一个导航图,让用户了解如何与微信公众账号进行互动。

什么样的欢迎语才能更好地发挥作用呢?

(1)态度热情真诚,语言诙谐风趣。

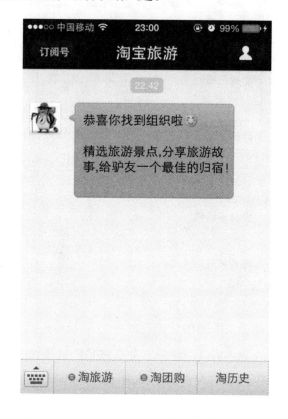

俗话说:"来者皆是客。"每一位关注微信公众账号的用户,都是客人,对待他们一定要态度热情、真诚,对他们的关注表示热切的欢迎与鼓励,让用户感受到充分的尊重与重视。欢迎语应该尽量诙谐风趣,比如,淘宝旅游微信公众账号的欢迎语是"恭喜你找到组织了!"中信银行微信公众账号在欢迎语中把自己称为"包打听"，这会让用户感到新奇、亲切，感觉自己像是在与一个活生生的人交流，而不是一个没有七情六欲的机器人。这样的欢迎语更人性化，也会留住更多的用户。

（2）告诉用户下一步应该怎么做、能做什么。

用户之所以关注微信公众账号，是希望能够获取信息或服务。但是关注之后，他们又会感到迷茫：接下来应该怎么做呢？此时，微信公众账号的欢迎语就应该帮助他们解决这个疑惑，告诉他们下一步应该怎么做、能做什么。比如关注中国国际航空的微信公众账号之后，它会发送一段欢迎语，告诉用户 1 ~ 10 的每个数字代表什么业务，用户只要回复数字，就可以获取相应的信息或者得到需要的服务。

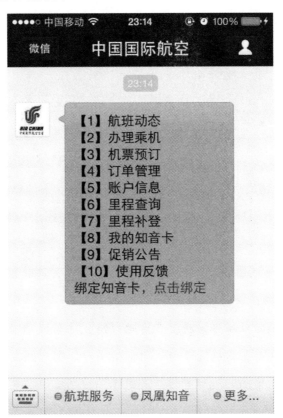

（3）为用户提供帮助，解决他们的问题。

用户关注某个微信公众账号，希望从中获取帮助，也是一个非常重要的原因。因此，在欢迎语中，要尽可能地表现出我们愿意为他们提供帮助的热忱与希望，这样，微信公众账号才能更有价值。

自定义回复：从用户的角度出发

当用户发送信息给公众账号的时候，会得到一个自动回复，这就是微信公众账号的一个重要功能——自定义回复。

常见的自定义回复大多是"你好！""感谢……"或者简介等，这些信息看起来有些枯燥乏味，会令用户感觉无趣。其实，自定义回复也是吸引客户的一个有效手段，关键在于怎么使用。

好的自定义回复会从用户的角度出发，引导用户一步步产生对微信公众账号的兴趣，比如，首先设置自动回复内容："欢迎关注我们，您可以回复数字来获取相关信息，1为企业介绍，2为优惠信息，3为促销活动，4为免费礼品……"等到用户输入数字之后，再通过下一条信息来与用户进行互动，这样，就可以引导用户与公众账号进行交流，让用户更加深入地了解公众账号。

微信公众账号还可以设置一些有意思的话题或者脑筋急转弯等小游戏来引导用户参与互动：

1号店的微信公众账号，通过"你画我猜"活动成功吸引了用户的注意力。每天，1号店都会自动推送一张图画给用户，用户回复答案之后就会得到奖励。1号店把猜图的趣味和抢答的紧张结合在了一起，用户只需要稍动脑筋、动动手指就能获得实实在在的奖励，何乐而不为？

IT 茶馆的微信公众账号曾经发起过一个名为"开心茶馆"的活动。在这个活动中，IT 茶馆设置了很多有趣的问题，比如第一题：IT 茶馆的网址是多少？第二题：IT 茶馆的官方微信号是多少？第三题：成都市的市花是什么？第四题："床前明月光"的下一句是什么？第五题：怎么样上网才不会中病毒？用户答对问题，就会得到奖励。而且，如果用户回复"茶馆惊喜"，系统还会自动回复相应的优惠信息，比如，获得金额为 20 元的优惠券，苹果手机壳等。同时，它还会提醒用户，如果预订之后放"茶叔"鸽子，就会失去获得下一次"茶馆惊喜"的资格。

自定义回复能够提高微信公众账号与用户之间的互动频率，增加用户黏性。设置方式并非千篇一律，还需要企业根据自身的实际情况来考虑。

疯狂转发的秘密

判断微营销平台运营的好坏，"粉丝"量并不是最重要的指标。相较而言，阅读量或者说点击量更加重要。因为运营这些微平台，写这些微文章，最终目的是让更多的人看到它们，从而关注我们，达成交易。

根据经验，一篇微文章的传播效果主要取决于两点：后台"粉丝"量和转发量。前者，可以慢慢经营，假以时日总会多起来。而后者，也不是可遇不可求的。下面我们就来讲些实战经验。

微营销的关键是分享。我们分享的不是产品、课程、项目、价值观等销售内容本身，而是所分享的产品、课程、项目、价值观等销售内容带给人的感觉和利益。在互联网时代，信息本身也是一种产品。只要我们满足相应需求，人们就愿意为我们付费。结合马斯洛的需求层次理论分析可知，人类社会发展到现在的阶段，基本的生存需求已经得到极大的满足。所以我们应该为满足消费者更多的情感需求、社交需求而努力。

利用微信、微博、微淘平台与通道，如何满足人们的情感需求、社交需求呢？

第一，提供想法。

好为人师是人类的通病，因为所有人都渴望表达自己并影响他人。但自主发声是需要很多条件的，比如思想性、话语权、语言组织能力、写作能力等。

讲个小故事，有个好朋友在某公司就职，某天早上他迟到了一分钟，却被老板狠狠地批评了十多分钟，一整天都心情不好。他朋友知道后，很想开导他一下，帮他恢复心情，但又担心表达不好，弄巧成拙。找个人安慰他？没必要。只需要在微信中给他发篇文章就行了，这篇文章叫《没有一种工作是不受委屈的》，再合适不过。如果觉得唐突，可以只发在自己的朋友圈，心照不宣地去安慰他。这个办法好不好？事实上好多人就是这么做的。好多人有收藏文章的习惯，是为了日后重温吗？大多数人不是，是为了日后使用的。

在这里，文章其实充当了社交货币的功能。货币，有人不喜欢吗？所以，我们要经常创造这类文章，代替人们表达想法，说出他们心里想说的话，从而让人们主动地分享、转发、传播我们的信息。

不同身份的人对信息的需求是不一样的。不信大家可以去看看，一个人和自己老板的朋友圈内容肯定不一样。公司老板们愿意分享的文章是这样的：《致加西亚的信：全力完成任务的，才是好员工》《细节决定成败：员工最让老板感动的 8 个细节》《情商为王：跟客户打交道时如何压制自己的情绪？》……而普通职员们则喜欢分享这样的文章：《没有人是傻子，致那些加班老晒的二货同事》《员工更加勤奋，就能弥补高管在战略上的失误吗？》……老板与员工，其实都想把话说得更明白些，但要么没时间，要么没有其他条件，这时候如果恰好有篇文章说出了他想表达的观点，他为什么不转发？他不转发，他的老板或者员工能看到吗？

第二，提供谈资。

自媒体营销时代，生意从社交开始，社交从聊天开始，聊天的第一步则是寻找谈资。互联网时代的谈话也有时代特点，有时候，你的朋友只需要给你推送一篇文章，就一切尽在不言中了。

讲话也好，沟通也罢，都是人类的基本需求，而不仅仅是一种能力。如在现实生活中，很多人都遇到过这样的场景，因为不熟，不得不从询问对方的家乡、年龄来入手，为了消除聊天的尴尬，辛苦寻找着各类谈资。试想，如果我们没有相应的需求，我们直接把嘴闭上不就得了，用得着这么费劲？

明白了这个道理，我们在写文章时就可以有的放矢地为人们提供一些喜闻乐见的谈资，让人们去谈论。人们喜欢接收哪些谈资呢？答案是有违常理的，或者说比较奇葩的。这是由人类的好奇心所决定的。

比如，肯德基这家美国公司，其主业与真正的盈利点并不是卖炸鸡，而是投资中国的房地产。类似的文章，肯定会让那些不知其妙的读者受益匪浅，并且认为他的朋友或家人也应该看看，共同受益一番。

再比如，前两年网上出了个新闻，某清洁工开着宝马扫垃圾，这明显违反常识，违背常人的第一直觉，让人觉得很奇特：开宝马怎么还会去扫垃圾呢？反正看看也没有害处，转转也没什么不好，下意识地，人们就点击了、转发了。

第三，提供帮助。

被别人需要，是一个人的价值所在。为什么大多数人愿意帮助别人？因为可以从帮助他人的过程中获得快乐和认同。如果我们提供的帮助，也可以帮助到我们朋友圈中好友的好友，就会形成二度关系。依次类推下去，会形成三度关系、四度关系……社会学家研究发现，我们做世界上的任何事，都超不出六度空间，比如一件在你看来非常难的事，在你的朋友看来就是小事一桩，也许根据你对朋友的了解他也同样无能为力，但他的朋友呢？他的朋友的朋友呢？他的朋友的朋友的朋友呢？所谓的病毒式传播，其内在原理就在于此。关键是，我们的文章对别人到底有没有帮助。如果既能帮到自己，又能帮到朋友，没有人会拒绝转发的。

比如这样的文章《找一份好工作从写一份好简历开始》，如果有人恰好在为写简历发愁，会不会阅读？会不会发给同样为写简历犯愁的朋友参考一下？

第四，帮其完成形象塑造。

玩微博的人，都闲不住，爱收集信息。玩微淘的人，都爱购物逛街、在网络上溜达。玩微信的人，没几个是低调的。有人晒他在某旅游景点的照片，是为了展示自己回归自然，追求自由的形象；有人晒自己与偶像的合影，暗示自己有人脉和相应的社会地位；有人晒自己宝宝的萌照，表明自己是个无微不至的好妈妈；有人在母亲节转发各种母爱无疆、大爱无私的段子，是因为转发的文章或者信息可以给他们塑造一个孝子的形象等。所有人都有意无意地把微信当成了塑造自我形象的平台。相应地，如果我们能够给大家提供可以帮他们更好地塑造自身形象的信息，他们是不是会乐此不疲地转发呢？

比如，新的一年刚过，我们如果写一篇《刚刚过去的 2017 年，你的目标完成了吗?》，肯定会吸引一些好友进行转发，因为它能在无形中帮转发者塑造一个具有时间管理观念、十足的行动派、有高度危机意识的形象。那些转发者或许不会有这么清楚的意识，但他们的潜意识会告诉他们。

第五，满足人的虚荣心。

虚荣心是人性的弱点，但不是绝对的弱点，它在一定程度上能催人奋进。在我们这个时代，人们大都有点比较心理、攀比心理，甚至可以说，有人的地方就一定会有比较——不论这种比较是显性的还是隐性的。如果我们分享的文章能帮别人有效而且一目了然地进行比较，并在此基础上满足他们的虚荣心，大家就会倾向于转发我们的信息。

"粉丝"、朋友圈的有效价值

"粉丝"、朋友圈在微营销方面，具有极大的市场价值和我们需要的人生价值，同时，"粉丝"、朋友圈的人，也从我们这里获得了友谊和人生价值。

利用微信平台做微营销，要重视朋友圈。朋友圈是我们的阵地，是我们的舞台，也是我们的店面，而我们则是自己的代言人。

一个学员曾跟老师探讨说："老师，我有时候觉得，咱们微商做的就是个不要脸的事业，频繁地刷屏，反复地招人烦，您认为呢？"老师说："绝不是。那些认为做微商是不要脸的事业、招人烦的事业的人，要么是没摆正心态，要么是缺乏技巧。"

他似懂非懂。其实，做微营销成功的前提就是让人喜欢我们，只有让别人喜欢我们，才有可能让别人喜欢我们的产品。别人为什么喜欢我们？往大说，我们值得喜欢。往小说，我们有个人魅力。接下来我们就来探讨一番，如何让自己成为一个受人喜欢的人。

这就需要"朋友圈四有"，也就是"四有原则"，即朋友圈的有效价值。

何谓"朋友圈四有"？有利、有用、有益、有趣。

所谓有利，就是要做到哪怕是广告，也是对别人有帮助的。我们看电视、电影时讨厌广告，是因为我们不需要、至少不是急需相应的产品，但如果换成一个急需相关产品的人，比如正在被某种病痛折磨的人看到一种特效药问世的广告，那就是福音了。做微商也是如此。

所谓有用，是指我们发的内容无论长短，至少它进入我们的朋友圈就应该有实用价值，也就是拒绝无聊。比如，我今天发了一条内容，标题就叫"生活小常识"，但是我可以在内容上做文章，可以利用自己所卖的产品教大家一些实用的小技巧，既传播了知识，同时也是对产品的一种宣传。换言之，你发的内容要尽量兼顾受众与自我，对双方都有用才是真有用，大家好才是真的好。

所谓有益，其实与有利、有用异曲同工，不同点只在于有利与有用的信息大多是可以直接利用的，是更加具体的实用信息；而有益，是指只要这条内容对人是好的、正面的、有益的就可以。比如，早上起来先发一个小笑话，让大家看到我更新的朋友圈都能笑一笑，开心一下，或者发一些正能量的激励人心的话，让看到的人都心态积极、乐观一点，有什么不好呢？

比如下图：

　　所谓有趣，是说我们发的内容要有乐趣，让人觉得有意思，想继续看下去，甚至百看不厌。比如发一些小游戏、谜语、心理测试、搞笑或者有益的视频、图片等，这些都是常人比较喜欢的东西。

　　比较常见也比较实用的套路，是接连发两条内容，前一条发一个有趣的心理测试或者猜谜之类，稍后在第二条里公布答案，这样做，既可增加互动性，又可以测试出朋友圈里有哪些人在关注我们，接下来我们就可以展开下一步动作了。

　　如果能够兼顾以上四点，那自然再好不过，如果不能，相互结合、穿插，也没什么不行。只要我们在制作或者搜集内容时心中能够想着这四点，那我们朋友圈的内涵与实效肯定会一日胜过一日。

　　我们的"粉丝"，从我们这里获得有利、有用、有益、有趣的信息，同样我们也从他们那里获得有利、有用、有益、有趣的信息。

第八章　微营销的涨粉招数

微博需要关注者，微信需要好友，微淘需要用户来关注、成为"粉丝"。让"粉丝"进一步成为有效的客户，是要付出爱与智慧的，在此基础上通过一定的技巧可以让"粉丝"快速成为客户、朋友。

微营销下的"粉丝"价值

微营销之所以比传统营销产生的价值大,它的基础就是"粉丝",现在不论是微博还是微信、微淘都在追求"粉丝",有的产品、课程、项目、价值观等销售内容的"粉丝"上万人,有的上十万人。但是人家上万的"粉丝"能带来数十万元的销售额,而我们十万人"粉丝"带来的销售额却寥寥无几,这其中最大的原因是"粉丝"价值的挖掘问题。

当然,"粉丝"的数量是十分重要的,网络营销聚集流量就是聚集"粉丝",但是如果我们不知道如何去挖掘这些"粉丝"给我们带来的价值,那微营销的效果就是零。怎么去挖掘"粉丝"的价值呢?一位微营销成功人士说得很有道理——

(1)利用"粉丝"产生销量。引导"粉丝"购买自己的产品、课程、项目等销售内容,成为自己的客户很重要。

微营销内容中夹带产品信息及链接,微营销会员专享价促销,折扣券发放,一个不到两万"粉丝"的微营销账号以这样的方式每月带来几十万元的销售额,当然还有更多的,主要是结合自身情况找到最合适的。

(2)进行客户关系管理。与用户、客户、消费者、"粉丝"的日常互动,我们有吗?主动回复和评论过用户吗?用户、客户、消费者、"粉丝"主动搜索或提到过我们的微博、微信吗?对于用户的咨询和建议,我们是否及时回复并表示了感谢?对于用户的投诉,我们是否真正重视和解决了?

强调一点,用户的投诉必须当天解决,严重恶劣的投诉务必亲自电话联系解决。特别是对于想做口碑、做品牌的微营销者,客户关系管理是很重要的。

（3）传播品牌与内容。品牌的传播可以是发布企业、产品等信息，可以是微营销信息被转发后的曝光率。在日常信息中植入与品牌相关的信息或品牌的直接介绍都是很好的形式。也可以在微营销中增加与企业历史、文化、动态、新品相关的资讯信息。

微营销的价值是毋庸置疑的，如何利用好"粉丝"，挖掘出他们的价值，这也是微营销所探索的方向。

有互动才会有交流，哪怕是单向的交流，也可以了解用户，可以传递被销售的内容。互动中彼此成为"朋友"，建立关系，产生口碑营销，这就是微营销。

微营销是一对多的互动，它的传播效果也是几何式的。如果"粉丝"与企业、产品销售者没有互动，静如死水，那哪有价值可言。微营销的互动性指标一般来说有评论转发数、私信数、活动的参与人数等。如何增强与"粉丝"的互动？建议采用以下方式：

第一，微博内容。

"粉丝"评论转发我们的信息，肯定是因为我们的信息有价值。所以符合"粉丝"胃口的有价值的内容是吸引"粉丝"互动的重要前提。这就是内容为王的理念。

第二，评论转发。

微信、微博的评论转发是指企业、销售者主动回复或转发用户的留言或相关信息。要把自己当人，别当神高高在上，要走下来走到用户当中去与他们交流。

第三，活动互动。

微营销切忌无互动，乱互动。互动是让用户感觉到企业、销售者是个活人，有规律有个性的活人。不要让用户认为我们是一个冰冷的账号，信息发布的工具。企业要拟人化。

定期发起一些趣味性的互动活动，可以带有奖品激励，既是激励也是回馈"粉丝"。比如有奖转发，限时盖楼，有奖投票、有奖征集等。

"真粉"才是财富，"僵尸粉"毫无意义

微营销注重活的、真的"粉丝"。

"粉丝数都可以造假，这微博还有什么好玩？粉丝 GDP？我不想玩了！"八年前，著名节目主持人陈扬曾公开质疑自己的微博粉丝数，随即关掉了自己的新浪微博，当时，他的"粉丝"数已经超过了四万。

当时是 2010 年，那时还没有微信，微博一家独大。但这颗互联网新星没能催生出健康的产业链，反倒令旁门左道人士发了一笔横财。假"粉丝"、假转发等现象已成为微博的毒瘤，也成为了微博地下经济的一部分。之后，有了微信，相应的毒瘤也不可避免地扩散到了微信特别是微信公众号上面。

众所周知，微博也好，微信也好，微淘也罢，其盈利模式无非两步：第一步，先把人气聚起来，也就是说要有"粉丝"；第二步，代理广告，赚取广告费，或者给自己做广告，促进产品或服务的销售。其中，第一步是关键，是难点，因为当我们有了一定量的"粉丝"，第二步就是水到渠成的事。就算我们不做微商，我们有可观的"粉丝"，很多商家也会主动去找我们，就怕我们自己没有关注度。

中国站长之王蔡文胜曾经这么说过："当'粉丝'超过 100 人的时候，就可能有 1000 人看我们的内容。当然这是在内容必须吸引到'粉丝'去看去转的情况下，只有内容吸引或者是'粉丝'感兴趣的话题才能得到他的转发或评论。当'粉丝'超过 100 人的时候，就好像是本内刊；当'粉丝'超过 1000 人，就是个布告栏；'粉丝'超过 1 万人，就好像是本杂志；超过 10

万人，就是一份都市报；超过 100 万人，就是一份全国性报纸；超过 1000 万人，就是电视台；超过 1 亿人，就是 CCTV 了。"

"粉丝"背后的价值不言而喻。

问题是，"粉丝"从哪里来？

一般来说，不外乎三种：主动加我们的，我们主动加的，买来的。

众所周知，"粉丝"是英文"Fans"的中文音译，意思是崇拜某某人、某某事物的一群人。你想想，他都崇拜我们了，只要你不是太离谱，买点你代理的产品有何难？

有一个搞文学的朋友，做了一个微信公众号，专注于诗歌，辛辛苦苦做了一年多，但除了打赏外，再无任何其他收入。为什么呢？他跟我谈了他的思路：希望等"粉丝"数量突破 1 万人以后，再去找商家做广告，赚广告费。我当时就笑了：你为什么一定要等到那么多人再给人做广告，而不是从现在做起？你为什么仅仅想给别人做广告而不考虑自己代理一款产品？他听了我的话，恍然大悟。现在他的微信公众号依然是以诗歌为主，每周他只做一次产品广告，但销量非常惊人。为什么？因为在此前，他已经用才华深深地折服了他的"粉丝"们，他的"粉丝"大多是他在微信群里推送文章时主动吸引过来的。

我们主动加的"粉丝"，价值就相应较低了。尽管如此，我们还是要采取主动，有时间、有精力，就尽可能地多加一些人。酒好也怕巷子深，更何况我们大多数人刚开始都不是什么"好酒""名酒"，在这种情况下，只能尽可能地多吆喝几声或者送货上门，增加知名度以促进销量。微博也好，微信也罢，最难做的就是刚起步阶段，等我们使尽浑身解数，拥有了第一批"粉丝"后，"粉丝"会自我繁殖，不断增多。

当然，我们同样需要做些甄别。如果我们的目的不是搞一个公益性的公众信息平台，而是精准定位潜在客户，达成交易，那么"主动加谁"是个看似不重要实则非常重要的问题。

营销界有个著名的案例，叫"把梳子卖给和尚"。讲这个案例的人，大多会强调只要开动脑筋，调动口才，玩转策略，和尚也会买梳子。但反过来想想，为什么要找一个这么难的突破点，而不是去卖给那些需要梳子的顾客呢？如果你现在就在代理梳子，那我建议你最好别去加和尚。

至于买来的"粉丝"，完全是另一回事了。

只要在浏览器上输入"买粉"之类的关键词，出售"粉丝"的店铺就会扑面而来。价格分三六九等，贵的1元1个甚至更高，便宜的10元1000个，买得多还可以赠送。但不管是便宜的还是贵的，都会声称自己卖的是"活粉"，也就是活跃的"粉丝"。但事实证明，能买来的都是"死粉"，也就是"僵尸粉"。

一个买过"粉丝"的朋友说过："确实快。半天时间，就多了1万个'粉丝'。但他们要么僵尸，要么退起来也很快，没几天，1万个"粉丝"就消失了。"

我们可千万不要学他。

面对"粉丝"，先交朋友再做生意

微营销如何面对"粉丝"？真诚就是答案。

曾经有学员问："老师，你有多少'粉丝'？"

老师说："一个没有。"他非常诧异，你一个"粉丝"都没有，你怎么教我涨粉？

老师告诉他："我虽然一个'粉丝'也没有，但我有一大堆朋友。"

老师从始至终都不认为自己是个多么了不起的人。只有那些自认为了不起的人，才会把别人当成"粉丝"。老师拿大家当朋友，当伙伴，相信那些与自己走得近的人也是这样的心理。

当然，我们依然可以把他们定义为"粉丝"，但总的来说，我们得先和他们交朋友。

做微营销最难的阶段就是积累第一批"粉丝"的起步阶段。那在起步阶段我们应该怎么做呢？怎么做才能最快突破难关呢？

答案就是先从身边的朋友开始，扩大关系链。

俗话说得好，秦桧都有三个好朋友。我们不是秦桧，要好的朋友理论上应该更多些。微博、微信都是社会化的媒体，社会化的核心是人际关系链，因此要想增加"粉丝"，不妨从身边的朋友做起。这里面有几个技巧是需要掌握的：

第一，开始的时候，互动一般比较少，在这个阶段可以主动向朋友发一些信息。在讨论话题的时候，需要人气的时候，可以请他们帮助。不过，这同样需要建立在有意义、有意思的前提之上。

第二，提醒我们的朋友们关注我们。如果我们的朋友们没有微博，就督促他去注册一个，然后关注我们。如果我们开通了微信公众号，也要把文章及早推送给他，让他帮忙关注。我们也可以在自己的 QQ、MSN、电子邮件的签名档、名片上，注明自己的微博与微信，最好有相应的二维码，然后写上"请关注"等字样。如果平时用邮箱比较多，也可以专门写一封邮件，通知朋友们，我们已开通了公众平台，敬请关注。

第三，要和好朋友们充分互动，尤其是那些开通了公众平台的朋友，大家可以互粉，互惠互利。如果我们有 1 万的"粉丝"量，对方也有 1 万的"粉丝"量，大家互动一下，就会有两万的曝光度，会大大提升"粉丝"数量。在互联网媒体时代，1 加 1 的结果肯定是大于 2 的。

下面我们再来探讨与"粉丝"交朋友的道与术。毕竟一个人朋友再多，总有其限度。更多"粉丝",有待我们到茫茫人海、茫茫网海中去开发。

一般来说,微平台刚开通的阶段是不会有太多人关注的,所以增粉就成了运营者首先要做的事情。可是,大部分运营者在运营过程中似乎并没有考虑过以下这些问题:"粉丝"从哪里来?他们为什么会关注我们?我们了解自己的"粉丝"吗?他们有没有可能成为我们的用户或者代理?应该怎么样对待他们?……

先做朋友,后做生意!这是被无数成功人士一再证明了的人间真理。做微营销也是如此。微营销具有特殊性,它不同于现实生活中开超市,自己挑选一番到收银台交钱走人,它始于交流,但不结束于交流,始于情感,且应该不断绵延。不要期待未曾谋面的微友上来就成为我们的用户,只有先和他交上朋友,他才有可能成为你的用户。而且,一旦成为朋友,他甚至会主动为我们拉来更多的"粉丝"。这是很多人的经验之谈,也是微营销成功人士自己的经历。

一位老师经常会写一些微文章放到公众平台上,有时候他在群里去发时,意外地发现,早就有人给他发过了——就是那些可爱的朋友们!

那么,如何才能把"粉丝"变成朋友呢?

首先,要对朋友多一些了解。我们不可以追问朋友的隐私,也可以不去问他的基本信息,但至少要从专业角度分析他们,谁是忠实用户,谁会对我们的一举一动都做出反应?谁摇摆不定,想买好产品又怕上当,想做代理又担心赚不到钱空费时间精力?谁仅仅对我们提供的额外价值感兴趣,谁又很明显地对我们的产品乃至个人感兴趣?

其次,要每时每刻保持关注。仅就初级阶段的微商而言,空有一堆"粉丝"是没有实际意义的,我们要认识到,他们是我们的事业乃至人生的一部分,要多关注他们,跟他们进行对话、互动。必要时可邀请他们加入相关活动或者参与微文章的创作,或者利用微平台为他们解决一些生活中的小问题乃至大问题，比如推荐工作、发起募捐等，让他们切实感受到自己是大家庭的一员。真能如此，你们便超出了朋友的范畴，而升级为兄弟姐妹了。

与人交朋友，把人当"粉丝"，两者的根本区别在于我们能不能放下身段，或者说，不要自视清高。即便我们真的很高明，也要把自己放低，主动与他们对话、互动。还可以把身段放得更低些，与他们互粉。把自己放得越低，越尊重人，人家才会越尊重我们，才会越感激我们。要时不时地去"粉丝"的朋友圈转转，在了解他们喜好的前提下，做适当的转发与评论。也许你一条贴心或贴切的评论，会让他们异常震惊：××居然这么了解我！

在这里奉劝那些自命清高的人，人与人之间本质上是没有差别的，就算是一线明星，如果没有千百万普通人托着他们，他们也不过如此。

即便我们真的很牛，很杰出，企业上了市，进了500强，但既然我们开通了微信、微博、微淘的微平台，那么这本身就代表我们想好好运用微营销这个渠道，从而应该做好与人平等对话、互动的准备。如果不那么做，只是机械地发布一些公告、声明或者广告，微营销也就失去了意义。

这还仅仅是就技术层面而言，也就是"术"的阶段。我们反复强调，先做朋友后做生意，绝不是空泛的口号，想交朋友，你得付出真感情。大家都不是傻子，人家是否认可你，可不是发个"亲"那么简单。

林肯说过，你可以一时蒙骗所有人，也可以长时间蒙骗一些人，但不可能在长时间蒙骗所有的人。我们则说，骗人也会形成习惯。而最终受害的，还是我们自己。

感情是需要维系的，微友也如此。如果一个人毕业之后一直没跟同窗保持联系，几年都不打一个电话，要结婚了才突然想起来让人凑份子，会让人厌恶的。微营销也是如此。要时刻想着与他们聊天、互动、讨论问题，不要让他们感觉你忘了他们、冷落了他们、利用了他们、欺骗了他们。

左手微信，右手微博和 QQ

微营销，很多人对它的定义不外乎双微平台，即在微信、微博上卖东西而已，其中又以微信为主，或者还要加上微淘。其实，还记得我们几年前玩的都是什么吗？没错，QQ，那只当时大家谁也离不开的"企鹅"。今天，即便微信方兴未艾，如火如荼，也不能把 QQ 冷落了。

根据现场调查，至少有一部分人把 QQ 遗忘了，很多人已经很久不上 QQ 了。这不要紧，我们可以用微信绑定 QQ 留言。绑定 QQ 留言之后，我们的 QQ 不上，有人给我们留言，我们的微信便可以收到。我们发朋友圈的时候，还可以一键同步更新到 QQ 空间。微营销成功人士的很多代理，他们的客户以及代理，都是从 QQ 上来的，但我们基本不上 QQ，靠的就是这个同步更新——人们会通过我们的 QQ 空间找到我们。这些功能，超级方便，也超级简便，但是可能被很多小伙伴忽视了。微营销技巧，其实就是这些功能的综合，看似简单，但非常有用，以往我们错失了没有关系，以后要熟练运用。

非常重要的一点是，我们必须知道，并不是所有人都玩微信的。很多白领上班族，工作与电脑有关的人，QQ 对他们来说还是不可或缺的。换句话说，冷落了 QQ 等于放弃了一大批潜在的客户。做微商，怎么可以放过这么好的推广平台？

从专业角度讲，微营销并不是商业创新，它只是一种渠道的创新或挖掘。这就意味着，微营销与之前已有的各类电商平台、营销平台并不互斥，而且具有极大的互补性。同为腾讯旗下产品的 QQ，无疑是对以微信为主要平台的微商人的巨大加持。

一个微营销老师，一共有 7 个 QQ 号，由于忙，不可能天天上，但客户不会丢失，因为朋友也好，学员也好，客户也罢，都可以在 QQ 上留言。

我们还可以利用 QQ 做广告。简单来说，就是包装自己的个性签名或者所在位置。有很多学生会说，老师，我们年纪有点儿大，不知道怎么写。之前有个叫小婉的代理，虽说叫小婉，但实际年龄有 40 多岁了，相比同龄人，她心态特别好，每天都满满的正能量。于是就教她这样设置：40 岁还在青春路上奔跑的小婉——专注养生 20 年。这不就是广告中的战斗机——不是广告的广告嘛！

我们其实是在温习前面的内容：千万不要写"××产品招代理"，这样会让人反感。要像小婉姐姐，有正能量，但软软的，攻心为上。

QQ 与微信最大的区别，就是 QQ 可以直接搜群，只要输入相应的关键词即可，但微信不能直接搜群，只能让群里的人拉你，或者扫描群的二维码。

利用 QQ 这一优势，基本上我们可以想进多少群就进多少群，可以混群，单纯地开发 QQ 群里的潜在客户，也可以把一些聊得好的 QQ 好友转为微信好友，多平台交流，无缝对接。

别忽视了群昵称的问题。很多人以为，直截了当地利用群昵称做广告没什么不好，结果 QQ 群里往往是天南海北，行吃住穿，卖什么的都有，你叫"面膜总代王小婷"，他叫"新疆大枣李二瓜"或者"专卖和田玉"。但这样是不是太滥了点？正确的做法是，进群后，把自己的群昵称改一下，你可以不那么高大上，但至少要有一些特色。

小婉姐姐就是个不错的例子——

她之前的群昵称很猛，也很炫：专卖国货美白第一的——小婉姐。结果主动加她的人很少，她主动加别人，别人也不肯通过。因为别人一看她就是"卖货的"，原谅我说得这么直白。但她改成"40 岁还在青春路上奔跑的小婉"后，情况大为改观。本质上，她这个人一点也没变，但人家一看，嗯，好正能量，有点儿意思，马上就通过了。

几乎所有的微营销都在做一件事情，那就是向全世界宣布——"我是做微营销的"。有什么作用呢？只有反作用。因为微营销者太多了，实在没什么值得宣布的。一定要有亮点，一定要给人眼前一亮的感觉。

除了正能量，我们还可以起一些奇葩的昵称，或者脑洞大开的昵称。总之，要吸引别人的注意力，让人觉得你值得探求，值得交往。

有个微商朋友，他混群时曾经用过"别人家的女朋友"这个昵称。他在里面一说话，就会有人觉得很好玩，然后问："别人家的那个女朋友，你到底有没有男朋友啊？"

还有一个代理的昵称很好记，也很有亮点，叫"胸小的蝴蝶"，这明显是自黑，也是足够自信的表现，因为女生都想要丰满，都想要事业线，她却反其道而行之，既有个性，又很可爱，一下子拉近了相互之间的距离。

微营销是情感营销，我们首先要让别人对我们有兴趣，才有机会卖出产品。

从各个圈子圈来属于自己的"粉丝"

混圈子，就是从不同圈子里圈来属于自己的粉丝。

穷人走亲戚，富人混圈子。如果我们已经很努力了，依然没什么起色，那多半是因为所在的圈子不够优质。所以我们要学会借势借力，裂变好友，聚变能量，提升自己的名气，最终转化为生产力。

有些圈子是很难打进去的，比如超级富豪的圈子、影视巨星的圈子。但反过来说，我们又为何放着自己的圈子不好好打理，好高骛远呢？很多超级富豪当年也是圈外人，商场论剑没有他们的座位；很多影视巨星刚开始也只有跑龙套的份儿。相比于当年的他们，我们还有优势，我们有朋友圈、QQ

群、微信群！

为便于叙述，我们统称为混圈子。混圈子的优势主要有以下三点：

更容易获得优质资源，因为圈子、社区、群往往都有一定的门槛，融入其中，个人不难借助背后力量；

方便建立信任，大家一个群里的，经常聊一聊，总比贸然相加来得好；

降低人与人之间链接成本，缩短交易时间。

当然了，永远不要忘了我们的初心——加粉，然后成交。可以说，很多圈子并不是有效的学习平台，因为终究鱼龙混杂，学习的也往往是些碎片化的东西。圈子更适合有经验的人切磋探讨，而不太适合微商小白。再者，我们进入一个圈，仅仅为了学习，终究还是会丢失很多东西。

闲言少叙，混圈子有混圈子的要诀与门道，下面我们一一道来。

（1）刷脸。

刷脸，是加大曝光率的意思。也就是说，进入一个 QQ 群或微信群，我们要多冒泡，不能潜水。推荐大家学点自黑式的幽默，这样会显得我们很容易接触，是个致力于大众开心事业的人，别人即便不鼓掌欢迎我们的到来，至少不会因为担心不小心说错话得罪我们而与我们保持距离。还可以分享价值，价值永远是王道，把我们的干货、好货大大方方地分享出去，帮别人解决一些问题，我们就是一个有价值的人，是老师级别的人，自然会获得尊重与信任。比如我们进入一个女性群，可以分享一些护肤知识。自己拿不出好货，去网上、书上扒一些有趣有益的东西也行。实在不行就发红包，红包是最有价值的东西。

（2）多渠道加粉。

刷脸，是为了给人良好的第一印象，最终还是为了把圈里人变成我们的用户。做微商，每天要花一定时间去加人，这是成功的基础，就好比一个鱼塘，里面没有鱼，营销再棒、话术再厉害，也成功不到哪儿去。

混圈加粉主要有两种方式，也就是吸引别人主动加我们和一个一个地主动去加别人。前者已经说过，要刷脸、要自黑、要分享，不再展开。后者除了是个力气活儿，还要掌握一些基本话术。一般我们在申请加别人为好友时，在备注中写上"你好，我是群主推荐"，"你好，一个群的，以诚会友"之类，通过率还是比较高的。

做微商的大多对微商心存芥蒂，所以一般来说我们混的圈子都不是微商群（内部群除外），而是同学群、老乡群、学习群、娱乐群等。对微商人来说，群是最重要的资源，无穷无尽的群，就是无穷无尽的财富。刚开始我们不会有太多群，一次给我们太多群，如果不做微信公众号的话，也是浪费，因为开发不过来，每天处理群信息就不胜其烦了。自己没群、群少的，可以让朋友把我们拉到他所在的群里，可以是对他来说不太重要的群——需要注意的是，对他来说不太重要的群，往往是对我们来说很重要的群——进去发发红包，讲讲笑话，主动加加人，或者吸引人。

我们也可以参加一些活动，比如豆瓣同城会之类的活动，相互交友，可行的话也可以设立一个群。社会活动也要尽可能地参加，并且尽量争取登台机会，上台就抓紧时间分享干货，只要我们能提供价值或潜在价值，当我们说出自己的微信号，别人肯定愿意加我们。

（3）打入敌人内部。

一般来说，微营销招代理的门槛并不高，掏个两三百块就可以成为产品代理，而且产品还可以自用。最重要的是，微商一般会把我们拉进一个群，在这个团队里会有相应的交流、听课、考核、分享机会。在这一过程中，我们完全可以复制前面所学，或者通过分享让别人主动加我们，或者主动去加别人，关键就看吸引力和魅力够不够高。这也就是传说中的"微商招代理打劫术"。这样"打劫"来的人，通常都是有微商经验的人，性价比极高。

收费群，尤其是与微商有关的收费群价值也很高。要知道，有人愿意花钱来学习，至少在交钱之前他会认定该群会让他有所收获。他愿意花钱来学习，不仅意味着他很重视这些知识，而且意味着他学了之后必然要去实践。而且这些人懂得付出，懂得没有付出就不要奢谈回报的道理。换言之，他们肯在别人那里交钱，到你那里也不用多废话。他们是最好的代理人选。如果你产品比较好，段位比较高，进一个学习群，招三五个代理，一般不成问题。

当然，建议大家专门申请个小号去混代理群。进群后先修改群昵称，可以借力群主或老师，比如叫"群助理××"、"群助手×××"等，或者取个特别好记的昵称，不至于让人看过就忘。

（4）发红包。

红包是微信伟大的发明。一个红包，各种心理、各种情绪，惊喜、懊恼、炫耀、期待，被激发得淋漓尽致。如果不喜欢别的方式，可以选择发红包这种简单粗暴但最最讨人喜欢的方式去炸群。

发红包的人真的是最可爱的人，几轮红包下去，会收获好多个好友。每天在所在群发 3 个红包，每份都在 1 元以上，坚持 30 天，会发现一股神奇的力量喷涌而出。不管信不信，反正我们是信了。

还有一个技巧，那就是尽量给群主、管理员或者活跃分子发个专属红包，并且在红包上注明"××专属"，这样很容易获得对方的好感，而把这样的核心人物搞定了，接下来也就比较容易了。有时候，即使我们发硬广告，他也会给我们面子，在私下里告诉我们少发点这类信息。当然，如果我们能把群主发展成我们的代理，接下来意味着什么，不说我们也明白。

如果我们不想花钱，那就赞美吧。当然我们肯花钱，也不能忽视赞美的力量。一定要学会赞美，赞美是世界上唯一不用花钱，但能起到比金钱有过之而无不及作用的做法。被认可，被崇拜的感觉，是人性决定的，人人需要。所以，当别人分享时，我们就给他竖个大拇指，送上一朵鲜花什么的，或者来一番评论，他一定会记得我们，也很难直接拒我们于千里之外。

最后要提醒的是，混圈子，切忌吆喝叫卖。叫卖还不如给予，持续地送些试用产品，会有很多人找上我们。搞培训的，要多分享些实战技巧；卖护肤品的，要多分享些护肤知识；卖服装的，要学会审美输出，多来点儿穿搭技巧……不留痕迹把货卖了，这叫高手。

微信、微博引流的技巧

微营销要学会引流。

"手动添加好友"是最为简单的引流方法，但严格来说它并不算引流。真正的引流高手，必须掌握以下渠道。

（1）使用"附近的人"。

"附近的人"其实和手动添加好友差不多，也是我们主动添加别人，但它有一个非常好的优点，那就是对方活跃在你附近，通过你好友申请的概率相对较大。距离近，话题就多，便于接下来的交谈，很容易介绍到我们的工作、产品上。直接邀请他们见面，跟他们分享产品，最后成交，也不是没有可能。回头客也是这类人居多。所以，"附近的人"这一功能不容闲置。

提供一个独门心得：如果我们卖的是高端产品，比如理财产品，那么我们经过一些高端场所时，应该有意识地停下来，加一加"附近的人"。一个朋友就是这么做的。他并不是做销售的，而是公司的技术人员，但一连三年都是销售状元，靠的就是这个心得。

（2）召回老朋友。

我们一直在寻找有效的吸粉方法，增加自己的好友数量，但老朋友召回其实是最有效的突破好友数量的方法。老朋友也有感情基础，容易重建友谊，有利于巩固我们的核心客户群体。

去哪里找老朋友呢？本书介绍两种：一是绑定手机通讯录，看看自己手机通讯录里有哪些人在玩微信，然后添加他们为微信好友；二是登录自己的电脑版 QQ，打开自己的联系人表格，根据上面的 QQ 号一一添加。

（3）网文价值引导。

有些朋友喜欢写作，我们可以将自己的文章发布到各种平台，如 QQ 空间、微信公众号、论坛、博客、文库、贴吧、QQ 群，吸引对文章感兴趣，愿意结识我们的人。除了尽量写好文章之外，别忘了留下你最该留的联系方式，以及"感兴趣的可以添加我的微信：××××××，有更多精彩内容"，同时留下二维码。

很多文章下面都有这样一行字："欢迎分享本文，转载请保留出处。"我们也要这么做。这倒不单纯是为了保护版权，而是因为在心理学上它是一个引导动作。经研究，有这句话与没有这句话，结果会相差 10～100 倍，成交金额自然也会有相应的差别。

（4）网络直播引流。

近年来，互联网经济发展迅速，网络直播应运而生，并且越来越火。网络直播相当于网络电视台，区别在于电视节目虽然精致，但费时耗力又烧钱，而网络直播有个手机就行，只要有特色、有吸引力，人人都能做明星，而且都是直播。这是网络直播火爆的重要因素。王思聪说："直播只会越来越火。"我们为什么不顺应这种趋势呢？能唱就唱，能跳就跳，游戏解说也行，实在不行就侃大山……把粉丝吸引来并引到微信上，就事半功倍了。

（5）圈内互推引流。

如果我们的朋友圈人数达到一定级别，我们就可以找一个同样级别的人，互推一下，比如我是卖奶粉的，你是卖护肤品的，交换一下"粉丝"，互惠互利，别人是没有理由拒绝我们的。

（6）大号推荐引流。

网络营销圈有很多高手，他们大都拥有着几万、十几万乃至更多"粉丝"的微信公众号、微博或者流量很高的 QQ 空间，他们经营自己的平台，也互相帮忙、互相转发。

讲个实例吧：一位朋友，做农产品项目，产品不错，但不知道怎么推广，建议他找一个拥有很多粉丝的大咖打个广告，于是他认认真真写了一篇产品介绍软文，放到一个每天 10 万流量的微信大号上推广，没多久，产品销量就起来了，知名度也出去了。

我们之所以要找这些人，是因为这样做事半功倍，比自己从头做起快得多，时间不等人，时间也是最大的成本，有时间我们要学会整合资源。

（7）门店引流。

很多线下门店老板正在加入微商队伍，他们希望借助微信二次创业，实现现有销售额的巩固与激增，这完全没有问题。门店有固定的客流量，只是这些顾客都是流动的客人，无法留住。有了微信，我们就可以通过各种各样的活动来吸引客户扫描店铺的微信公共平台或客服二维码。这样一来，流动的客人就引入了微信中，以后可以通过做活动等方式把他们毫无成本地追回来。如果我们能给顾客一个理由，让他们加我们为好友或者进入我们的微信群，我们还可以把他们锁定从而进行长期营销。这个理由可以很简单，比如提供更好的增值服务，送些小礼品，经常发些小红包等。

（8）贴吧发帖引流。

相信很多有经验的微商都知道，贴吧是个相当精准而且非常活跃的大鱼塘。在里面进行关键词搜索，就能找到我们的客户群体。同时里面有很多优秀软文，大家可以学习，也可以模仿。

在贴吧发帖，要围绕我们的品牌或产品、课程、项目、价值观等要销售的内容做文章，并在此基础上间接引导，比如，"你不知道的皮肤秘密""每个女人都存在的危机"等，去吸引潜在客户。以面膜为例，如果销售的面膜是保湿类的，就可以写"深夜，感受着要起皮的脸，我想哭"之类标题，当然，广告痕迹不能太重，更不能直接留微信号，被删倒是小事，严重者会被封号。

内容要真实，尽量接地气，怕被删的话，可以分段发布。形成互动后，要及时补一句"感兴趣加我微信"，一篇帖子加十几人不成问题。要尽量每天顶贴，或者设置顶贴软件，只要有人进吧，就能看到我们的帖，那样，天天有人加我们也不是梦。

（9）三微吸粉与公众号引流。

微信公众号里的客户就像"鱼群"，想把产品销售出去，必须拥有自己的"鱼塘"。塘里"鱼"越多，销售就越容易。所以，公众号的价值非常大，专业测算，每个活跃的"粉丝"，相当于100元。想想看，如果捕获了10万个精准会员，那一年赚1000万元也不成问题。

微博、微淘也需要引流，把流量引过来，才能让更多的"粉丝"出现。

（10）名人推荐引流。

微信、微博、微淘，都可以利用名人的影响力来引流、扩大"粉丝"群。

名人威力巨大，让他们推荐一下，可能比忙碌一个月效果还好。我们要想办法让名人帮我们宣传，怎样才能做到这一点呢？可以专门写这些名人的事迹，写不出来就转载，总之这类文章里要尽量多写他的好，他的优点，他的神威等。写完便投稿到各大网站，转载的就放自己或朋友的公众号。然后想办法加他为好友，同时把文章分享到他的朋友圈子里。人都是好面子的，也都是懂回报的，这样写他，宣传他，他只好把我们的文章或平台推荐到自己的圈子和自己的平台。

（11）QQ空间。

很多人对QQ空间不以为意，其实用得好，它也是非常好的引流渠道。方法就是把QQ空间的日志分享到微信上，当然你的内容要足够经典，或者说是精辟。提醒一点：要开放QQ日志阅读权限，否则非好友无法打开。另外，建议进行空间认证。

（12）QQ群文件引流。

QQ群是个大鱼塘，引流高手有很多种玩法，比较轻松的一种是，做一篇价值类的文章或文档，最好做成PDF格式，带上微信号，上传到群文件。如果标题设置得足够诱惑，会有很多人来看。在内容里留下鱼饵，自然会有人加我们。设置要足够巧妙，不然会被管理员删掉甚至直接踢出群。另外，此法引流量要大，至少要有上百个群，那样一次引流上百人不在话下。

（13）百度知道引流。

一般网友们想寻求答案时，都会去百度，而百度知道是在浏览器的最上方。所以，通过百度知道引流，也是引流技能中的必杀技。

具体操作时，首先要准备百度账号，可以去淘宝购买一些空白的百度账号，最好是时间长点的，如果是新注册的号，别人可能会觉得你是个托儿，是水军。然后就可以在百度知道上发问题了，内容可以是关于我们品牌的所有问题，写完后准备好另一个账号去回复，回复时可以说"我朋友正在这个牌子的总公司做顾问，做得很好，可以加她了解更多，她的微信号是：×××××。也可以加我微信，我帮你推荐一下"，等等。

（14）邮件引流。

向大量精准客户邮箱群发邮件，把标题设计得足够有吸引力，然后在正文里留下诱饵，吸引力够，就不难让别人主动加我们。

（15）微信群暴力推广。

简单来说，就是换群。前提是准备大量的群。如果有 50 个群，在群里发布换群的消息，有需求的人会主动联系我们加入新群，这样 50 个群马上可以变 100 个，100 个不久又变成 200 个，群越换越多，直到不得不再购置一部手机。

（16）原创文章引流。

这是很多高手常用的招数，分享干货，只要有价值，肯定会在网上广泛传播，为我们带来大量"粉丝"。尽管这些"粉丝"不够精准，只会帮我们传播，不一定是我们的客户。但总的来说，这是最好最有效的引流方法，前提是我们能贡献有价值的内容。

（17）微博引流。

与微信相比，微博传播速度最快。用网友的话说，出了事情找微博比找警察还管用。新闻一般都是微博蔓延传播开来的。微博几个亿的用户数量，也是不容放弃的引流平台。关于微博引流，要努力的事情也很多。

（18）百度收录引流。

根据经验可知，百度引流带来的客户更加精准，质量和成交率更高。百度引流非常快，也非常持久，前期只要花点时间把产品信息做到首页，让百度收录，以后每个月花几小时的时间进行维护就可以了。

只要我们的产品信息出现在百度首页，我们就是天天旅游度假，也会有源源不断的精准客户主动来向我们咨询产品。做百度收录不仅能轻松简单地精准引流，还可以一步完成加粉和好友转化。在百度上搜索某个产品的人，如果不是对这个产品感兴趣或是有需求，难道是闲得无聊？

具体操作方法是先准备大量软文，然后在文章里比如文末植入我们的微信号和二维码，接下来把文章发到各大论坛，最好是豆瓣、博客等有特殊权重值的论坛，发完这些再去光顾那些小网站。发完文章，还要想方设法提高访问量。因为我们不可能一天到晚地点击一个网页，有效的办法就是购买安装提高访问量的软件，让软件自动点击、访问文章，当点击量足够多时，即使不用软件，大量网民也会帮我们点下去。看到的人会越来越多，加我们的人也会越来越多，流量不就引进来了？

第九章　微营销的微淘策略

　　微淘是移动网络销售与购买网络生活的融合。掌握技巧，熟练运用微营销，让微淘为自己和他人提供生活的便利。

微淘发布的基础知识

我们做微淘是为了吸粉，为了让更多的顾客到店铺里来。有必要了解一些微淘的基础知识。

（1）广播发布的技巧。

其一：原创图片最好，随拍更好，微淘可以在移动端随拍产品生产过程或者其他趣味性的东西，让更多的人关注。

其二：做好主题、文案，推荐商品的相关性内容要生动活泼，满足人们的需求。

其三：排版规矩，没有乱七八糟的符号，版面一定要干净，就像一个美女的精致打扮。

其四：微淘中不能出现除淘宝以外的链接和联系方式。

（2）广播封面发布注意事项。

封面图片上不能有 LOGO 和水印，不能有"牛皮癣"；封面图片背景不能太花哨，内容可以适当地"花哨"；封面图片要清晰不能模糊，不能中间分离，不能拼图。

（3）广播图文发布注意事项。

其一：文案不能抄袭复制，不能盗图，内容要与销售相关。

其二：标题吸引眼球，长度限制在 22 个字之内，图片文案有极强的吸引力。

其三：收藏店铺和商品不可以放在首页开篇，可以放在尾部。

（4）微淘发布基本操作。

横幅广告：文案主次分明，要突出主要内容。主图为性质相同的图片，小图片上不能出现文字，图片可以是圆角或者圆圈。

主图封面：图片整体清爽，是一张完整的大图。图片上的文字不要超过两行，一行不能多于 10 个字；图片上不能有"牛皮癣"。图片勿底色全留白或者周边留白。

图文微淘：标题与图片要有极大的相关性，不要风马牛不相及。

关注店铺的"粉丝"才能在微淘里看到我们发布的内容，但是如果出现在话题榜，那么所有的买家都可以看到。发布的内容让买家感兴趣，就会得到大量的流量甚至"粉丝"。

微淘运营五条原则

微淘的运营是个很细致的工作。微淘最重要的事情就是内容和运营。做好了，"粉丝"自然会来。总结五条原则：

经得起考验：货真价实。

做一个真实的账号，一定会很受欢迎。

内容不一定都是原创，平时也可以去找找好的东西，但一定要渗透着自己独有的想法，不管用什么方式。简单的复制粘贴，没有个性，终究走不远。内容要新鲜，有吸引力，给读者充分的营养。

创新：让"粉丝"永远活跃。

利用好微淘里面的工具和"粉丝"们做好互动，例如微淘上线的自定义菜单。经常规划并发起各种抽奖、抢楼、投票等游戏和活动来增强"粉丝"的活跃度，让"粉丝"们有便宜可占，实实在在地得到实惠，才会让"粉丝"们记住店铺。在这个时代，微营销创新的速度比质量更重要，一定要经常出新花样，使用新鲜的招数。

一直做下去：坚持很重要。

算得上特别重要的一条，想要把微淘店铺做好，要做到这三点：坚持、更新、坚持更新。

纵横捭阖：经常和微淘的小二联系。

经常关注微淘论坛，加入一些微淘相关旺旺群消息，发现有什么活动及时参与报名，机会是不等人的，这些都要靠我们自己去争取。有活动比别人更积极地去参与，微淘内容更用心地去做，这样的卖家，小二没有理由不给资源。

勿竭泽而渔：不要贪一时利益。

在微淘里面发广告和促销，一次两次可能没有什么影响，但天天发"粉丝"会厌烦。做微淘运营，要让"粉丝"感到我们的店铺和他们是朋友。让他们对我们的账号产生好感，远比促销重要。一旦建立忠诚度，那绝对是铁杆型的"粉丝"了。

利用微淘运营轻松获得客户流量

微淘作为无线端引流和客户维护的工具，对卖家做好无线端运营是非常有帮助的。微淘是什么？微淘就是隶属于手机淘宝的，以移动消费入口为定位的，可以在消费者生活细分领域为其提供方便的手机购物服务的社交化营销平台。

做微营销，要清楚地知道微淘的价值。

微淘带来的流量价值：由于无线手机端的盛行，很多店铺移动端的成交金额已远远超过 PC 端。微淘位于手机淘宝底部导航的第二位，这个位置可以占去大量移动流量，另外，阿里微信也在力挺微淘。

微淘带来的营销价值：通过微淘，卖家可以多一个渠道吸引"粉丝"来了解店铺和产品，同时多一个渠道触达用户，引导转化。

微淘带来的 CRM 价值：通过资讯、活动等内容，微淘不仅吸引新客户，更能维护老客户，增加客户黏性。

我们发微淘就是为了获取流量，那么微淘的流量来自于哪里呢？

我们发布产品到微淘，第一是给我们的"粉丝"展现，第二是在微淘广场里展示。所有人都可以看得到微淘广场里的展示，所以它的流量来源是相当大的。我们来到卖家中心后台，然后点手机淘宝店铺，在这个地方发微淘就可以了。

进入之后是一个默认显示的页面。我们可以发广播、发商品、发活动、发互动。

在这边有一个有意思的数据，我们可以来看一下，比如发商品的时候，它会提示发上新昨天已有 6% 的用户使用，发预售昨天已有 1% 的用户使用，这就说明，我们要去做一些别人没有做的，这样才能争取更大的展现。

文字编辑工具、GIF 动图上传满足了商家在内容丰富度方面的需求；官方投票工具的上线，让商家更好地与"粉丝"进行互动。另外，微淘跨店清单与手淘导购链路打通，支持商家微淘内容多渠道发布，不让商家优质内容"冬眠"。此外，图片九宫格支持 PC 版本，商家不要错过。

最为重要的是，微淘要做好产品营销的布局——

第一，微淘路径。

通过电脑端发微淘：卖家中心—店铺管理—手机淘宝店铺—发微淘。这是平时常用的方法。

千牛发微淘：打开手机上的千牛客户端工作台—流量中心—发微淘。

通过千牛发微淘的优势：可以添加 3~9 个宝贝或图片、可以为每个宝贝或图片添加 40 字以内的文字描述、标题长度由原本的 22 个字增加到 40 个字，这是很大的扩展。可以把话题写得更加详细些，让买家更深入地了解宝贝。

第二，做好微淘计划书。

资讯类微淘：利用热门话题，比如去百度风云榜找个热点话题，内容不断围绕这个话题延伸，并不加入产品。这就是资讯类微淘。

导购性微淘：巧妙地把我们的产品加入到热门话题当中，产品和话题叠加，从而形成导购性的模式。还有一种发微淘的常见做法，就是直接地写产品，"新品上架"。要注意的是如果没有大量的"粉丝"，这样的微淘是没有买家喜欢看的，如果有大量的"粉丝"是可以这样做的。

第三，发视频的问题。

发完图文之后再发视频，视频是为了让顾客看到我们的产品之后，能够更加了解产品。因为视频属于动态展示方式，更加直观。

第四，相关活动。

发布视频后我们可以继续发布活动，例如给关注店铺的"粉丝"10元或者20元的优惠券，促成我们店铺产品的成交，可以做一些互动，猜价格、抢红包、盖楼有礼、投票有礼等。

在整体布局的时候，一定要做到主体性内容编辑和商品导购的一致性。所发的图文、视频、活动内容必须要和商品有很大的相关性。相关性极好的情况下，还要去导购。做微淘是为了把流量引来，从而促进销售。

重点介绍：微淘热门话题搜索的方式——

微淘话题筛选方法：通过多个入口搜索微淘话题，从中筛选出重复话题。最重要的是能够把自己的产品加入到这个话题当中，这个话题中有一个好的切入点，不能随便找个话题，然后自己的产品插不进去。微淘在找话题时需要好好思索，结合自己行业进行分析，找出适合的话题。

搜捕话题，添补微淘内容，就是为了手机淘宝的话题榜中最终能够有我们的展示位置。这里的流量是非常大的，一定要注意。

其一，微淘话题采集入口。

（1）淘宝论坛（bbs. taobao. com）热门版块—卖家服务—微淘论坛。

找到微淘话题更新帖，打开看下。

官方微淘发布的最新热门话题，我们在发布图文广播的时候，尽量和官方发布的话题一致或者相似。这就是借力。

（2）手机淘宝 APP 里的话题榜。

微淘—话题榜。

发布微淘的时候，要在标题前后都加上"#"。根据自己的产品来更新话题。

其二，百度搜索风云榜。

其三，新浪热搜帖。

新浪微博—热门话题。根据自己情况去选择相关性的话题。很多卖家就以明星的事情作为热门话题大赚一票。

其四，热搜贴。

今日话题，找到合适自己的话题，发布热门话题，让大家去参与聊天，然后通过这样的互动进入我们的店铺。

微淘数据，全面追踪微淘内容效果数据，让商家随时知晓微淘内容发布的好坏、消费者是否喜欢，及时优化微淘运营方向。

粉丝管理，包含粉丝运营数据和粉丝人群洞察数据。其中粉丝运营数据包含新增粉丝数、取消粉丝数、净增粉丝数、累计粉丝数、收藏店铺用户数；粉丝人群洞察数据包含性别、年龄、地理位置、各类兴趣爱好的粉丝人数占比。

微淘商家管理升级：通过微淘商家后台 2.0 商家微淘分层一目了然，商家可以清楚知晓目前本店铺粉丝、微淘的运营现状，还可以通过晋级秘籍提升商家分层，拥有更多的微淘权限。此外，微淘商家后台2.0还为各位商家精选出商家微淘内容的优质案例，分享经验，共同进步。

微淘也要和淘宝达人挂钩。

微淘的发布时间：发布微淘的最佳时间是自己店铺的流量高峰期。

查看流量的方法是，生意参谋—经营分析—访客分析—查看最近的数据。根据店铺访客的平均布局，确定一个时间点，在这个时间点发布微淘，让更多的人看到。

微淘运营六大技巧

微淘需要大量的被阅读与转化，才能兴旺起来。

随着电商的人气上升，很多人越来越重视微淘的运营了，但是微淘要获得极为可观的阅读量与转化率也是非常不容易的。我们如何把这个微淘宣传工具用好用活呢？

第一，思路。

站在用户的角度考虑问题，进行有目的的销售。

我们在运营微淘的时候，一定要从用户的角度去思考，结合热点，让文章幽默一些，让文章与热点结合起来，也可以在微淘举办一些活动，从而把"粉丝"的热度做出来。

第二，文案。

好文章能够吸引人。

好的微淘一般都有好的文案。要准备很多与产品相关的方案、知识，包括但不限于产品介绍、产品的使用技巧等，这些文案与产品相关，又有着一定的衍生，一定是目标客户感兴趣，有价值的。

第三，上新。

一般来说，上新会引发所有"粉丝"的关注，在手机端也会有一个弹出提醒，这样的微淘是最吸引人的。

第四，视频。

视频是非常受欢迎的信息形式。建议视频不要太长，一个短视频就可以吸引很多"粉丝"的注意。

第五，买家秀。

可以发一些精选出来的买家秀，从而让其他潜在消费者产生共鸣。

第六，发宝贝清单。

可以在微淘店铺里面设置一个宝贝清单，采用丰富的图片形式，让九张图片形成一个田字形，从而极大地吸引用户。

微淘三大玩法介绍

中小卖家看着大卖家微淘玩得很厉害，"粉丝"又多，那么微淘有什么玩法，微淘运营要怎么做？

给大家介绍一下微淘的玩法和运营原则。

第一，微淘盖楼。

这个是现在流行的一个玩法，"粉丝"回复限定的语句，然后利用楼层数进行抽奖，抽中楼层的回复"粉丝"获奖。抽奖的方式有很多，比如说一个小时内的销售额或销售量、彩票的中奖号码或者是一些特殊的数字等。可以自己订一个游戏规则。

第二，新产品微淘投票。

掌柜每次推广或者搞活动的时候总是要考虑选哪款产品，与其掌柜自己一个人考虑，不如让自己的"粉丝"来一起帮我们决定，罗列几张新产品图，让"粉丝"投票，选出最喜欢的一款，这样掌柜们就不用再左挑右选了。

第三，看图猜价格。

这个也是适用于新品的玩法。掌柜在上新品之前可以发一张还没上架的产品图，然后让"粉丝"猜价格，猜中者获奖，至于奖品的话，掌柜可以自己决定。

微淘玩法远远不止这一些，还有找繁体字、拼图等。如果掌柜们觉得不好实现的话，可以去微淘导航栏的互动营销看看，那里面有很多工具。

需要强调的是，每种互动游戏的玩法都有利有弊，大家应该根据自己的活动目的和客户群体进行选择，可以几种游戏方式结合起来同时进行，效果会更好。

人人都能学会的微淘运营捷径

微淘如何去运营才能获得更多新"粉丝"的关注，同时让老"粉丝"黏度更高？这里简单地跟大家说下运营捷径。

第一，微淘广播规则。

新版微淘对卖家推送动态数目无限制（在手机淘宝店铺动态页中呈现），将根据店铺账号的微淘运营现状更改推送到 timeline（动态流）表中的动态数目：

（1）以自然月为单位调整推送动态数，当月有效，次月重新排列。

（2）微淘月活商家（即前一自然月中有发送过微淘动态的商家），且当月店铺账号的微淘月日均 UV 大于或等于 1000，次月每天至多推送 2 条。

（3）微淘月活商家（即前一自然月中有发送过微淘动态的商家），且当月店铺账号的微淘月日均 UV 小于 1000，次月每天至多推送 1 条。

（4）非微淘月活商家（即前一自然月中没有发送过微淘动态的商家），次月每天至多推送 1 条。

第二，微淘页面简单介绍。

微淘放在手机淘宝端很显眼的位置。进入微淘顶部首先映入眼帘的有这些模块——

（1）动态：刚进入微淘默认展示的，就是我们所有收藏关注了的店铺的动态，想快速看收藏或未收藏的店铺，点前边搜索的标签即可操作。

（2）我的店铺：展示的是所有收藏关注过的店铺，方便直接点击进店，但只是店铺名，无动态一起展示。

（3）广场：为官方活动资源展位。

第三，微淘的展示。

发完广播后，在微淘展示的是店铺名、内容（标题文字）以及添加的商品图。

这里插入一个小说明：在逛微淘时，有些标题会带有四种标签：特惠、热销、上新以及广播。

前两个标签"特惠、热销"都是系统自动抓取推送，"上新"是店铺有上新后系统自动抓取推送，"广播"是我们自己手动发的微淘推送。

在我们发微淘时要尽量上传图片，图文结合看起来才美观。

一篇热门里边上传了不少好看的图片，其中也以穿插添加商品的形式插入了一些店内的宝贝做推荐，但发表后官方微淘栏不会展示上传的图片和过多内容，只展示添加店铺商品的图片。相信很多买家浏览微淘时，都是被好看的商品图片吸引从而点进去的，但是光有好看的照片还不够，够吸引人的标题和好看的商品图片相结合才会带来更多的访客。

这里需要强调一个问题——

一般展示的第一张图是发布时的封面图，接下来才是添加商品的图片，所以建议添加的第一张商品图不要跟封面图一致，这样会导致前两张图片是一样的，在动态广场展示时就少了一个能被买家直接看到的商品图。多放一张不同的图片，吸引买家的概率就增大了一点。

养成每天发布微淘前先看之前发的微淘效果数据的习惯很重要。这样可以看到以往发的哪条动态得到的曝光率高，带来的 UV 多，后期就可以多效仿这种方式做。

第十章　微营销的能力培养

　　微营销是建立在传统销售基础上的更加便捷、自由的营销通道。掌握信息工具和手机营销的特点，充分运用网络社交媒体，可以把生意做得红红火火。

微营销需要匠人精神

微营销需要匠人精神。

匠人精神不是舶来品。众所周知，《庄子》中记载了一个"庖丁解牛"的故事。给梁惠王宰牛的厨师，技术非常高超，到了出神入化的境地，一把屠刀用了 19 年，仍和刚刚磨出来时一样锋利。它告诉人们一个道理：任何事情只要用心去做，都能达到登峰造极、出神入化的境界。

所谓匠人精神，其实就是追求极致的精神，就是对工作认真执着、对所做产品精益求精、精雕细琢的精神。

我们讲一个"珠报汲水"的故事。

珠报是日本历史上的一个高僧，精通茶道。他所在的寺院附近有一口古井，水质纯净，略带甘甜，是沏茶的上好水源。配合珠报的茶艺与上好的茶叶，珠报的名气越来越响，很多香客慕名前来，以能饮到珠报的茶为荣。

有人注意到，珠报汲水总是选大家还没起床、天还没亮时。他好像有意要避开人们的视线。大伙儿猜测：难道珠报汲水有什么秘密？

终于有一天，有人在井台上"偶遇"了珠报。那个人打过招呼后，假装离去，实际上躲在转角处。结果他发现，珠报居然把已经汲上来的水倒在了一旁，然后拎着空桶回寺。人们问珠报发生了什么事？珠报说没什么，只是有人看见了桶中的水。人们又问，那又怎样？至于倒掉吗？珠报说："有人看了那桶水，杂念已渗入水中，我不能用这样的水沏茶待客，那是对客人的不尊重……"

暂且抛开这个故事的真实性不谈，更不必执着于有人看了桶里的水然后水就有了杂念这类禅思，日本的匠人精神也是值得我们学习的。当然，匠人精神并非亚洲专利。在欧洲，匠人就是技艺精湛的人。德国的名车、瑞士的名表、法国的红酒、意大利的服装，同样离不开一群优秀的匠人。没有匠人精神，欧洲即使能诞生牛顿和爱因斯坦这类科学巨匠，也无法把相应的科学应用于现实。

对微营销来说，还有比微信诞生更有说服力的例子吗？

如今，不管做不做微营销，每天不登录一下微信，不刷一下朋友圈，就好像与时代隔阂了一样。微信真正改变了人们的交流方式，影响着这个时代。正如微信的口号：微信，是一种方式。而正是"微信之父"张小龙的匠人精神，才使 Foxmail、QQ 邮箱、微信这样的产品得以诞生。

Foxmail 是张小龙的第一款重磅产品。其最火爆时，覆盖美、英、德、意、俄、新、日等 20 多个国家和地区，全球用户达到 400 万。彼时的腾讯，也不过 10 万用户。2001 年，张小龙携 Foxmail 加盟博大，任技术总监，博大出价 1200 万元。但在消息宣布的夜晚，他写下了一封充满伤感的信，在信中，他把 Foxmail 比喻为他精心雕塑的艺术品。"从灵魂到外表，我能数出它每一个细节，每一个典故。在我的心中，它是有灵魂的，因为它的每一段代码，都有我那一刻塑造它时的意识。我突然有了一种想反悔的冲动"。

周鸿祎说他经常批驳张小龙，Foxmail 没有商业模式，应该加广告，要盈利！张小龙说，为什么非要这样？只要有用户，有情怀就好了。每次争论，都是张小龙以长时间的沉默来结束。2005 年腾讯收购了 Foxmail，张小龙和团队 20 余人随之进入腾讯。三年后，QQ 邮箱成为国内使用人数最多的邮箱产品。张小龙再次证明了自己。张小龙曾说："我们和用户应该是朋友，这一点会在我们的产品里体现出来。无论将用户捧为上帝还是贬为仆人，都是不公平的。"确实如此，一个真正的朋友会在你需要的时候主动出现，并帮你解决困扰。在产品研发的过程中，每一个团队成员的脑子里都只有一个概念：什么东西或者功能是用户所需要的？强大无敌的 QQ 邮箱是怎样炼成的？答案很简单：心无杂念，一切以用户需求和体验至上！

对于微信，张小龙的态度非常明确，他曾说："我们只做一件事情，一个产品只能有一个定位，或者有一个主线功能。"微信的每次更新，张小龙都力求把用户体验摆在第一位。他曾在"微信公开课"上解读微信生态："微信希望建造一个森林，培育一个环境，让所有的动植物在森林里面自由生长出来，而不是建造一座自己的宫殿。"谈到微信的商业化，张小龙这样说，一是人与人沟通的"人联网"阶段，这是商业化的基础；二是做连接线下商户的产品和基础功能。而现在微信已经"进化"到拥有"连接一切"的能力，形成了一个全新的"智慧型"生活方式，即以微信公众号＋微信支付为基础，帮助传统行业将原有商业模式"移植"到微信平台，通过移动电商入口、用户识别、数据分析、支付结算、客户关系维护、售后服务和维权、社交推广等能力形成整套的闭环式移动互联网商业解决方案。

微信开启的画面是一个人，站在巨大地球与月亮相交的背景中，何其孤独！也许人生下来就是孤独的，需要交流，需要倾诉；而张小龙，他孤独地看着这个世界，告诉他的用户，孤独并不可怕，可怕的是失去交流的方式。有人把张小龙称为孤独的艺术家，孤独地做出微信这样的亿级用户的产品。尽管并不是所有人都能成为张小龙，但是享受孤独，拥抱匠人精神总不会错。

我们可以不会开发微信、百度等改变生活、推进时代发展的产品，但绝对可以把自己的朋友圈做得精致些。

在微营销中，在微生活里，微信、微博、微淘的每一篇文章、每一句话、每一个标点、每一张图片，甚至每一条回复，都是我们的作品，都需要我们拿出匠人精神。

如果一个人还没有这种精神，那就去培养、去修炼这种精神。千万不要说自己不行，人世间的事，哪一样不是后天习来的？别轻易给自己判死刑。

做微营销大咖，要有强大信念

　　微营销要心态积极。是不是杜绝错误心态，就能够成为微营销大咖呢？还不够。做微营销大咖，要有更加强大的信念。仅仅避免一些雷区，充其量只能做个普通的微商。

　　结合我们和很多大咖级微商的经验，总结出了成为微营销大咖的四大要点。正是它们，让这些人从最初的小代理慢慢蜕变成为如今的微营销风云人物。

　　第一，责任。

　　责任是我们日常生活中常说的名词。为什么我们要重视责任？举个例子，女性在找结婚对象时，总会自然而然地希望未来的老公有很强的责任感，能够保护家人，能够努力创造舒适的生活条件；男性也会希望未来的老婆能像古人所说的那样"相夫教子"，十分顾家，对家庭负责。可见对家庭负责、对工作负责，在任何层面都非常重要。

　　众所周知，企业之所以注重责任，是因为责任是组织架构的基础。只有人尽其责，各司其职，组织才能正常高效地运转。这里所说的责任不仅限于一个人的担当，它包含以下三点：共赢、诚信和务实。

　　共赢的心态，是指我们应该意识到我们应该与团队实现共赢，而不是通过损害某一方的利益来获得利润。以微营销为例，如果做领导的、做上级的，总是损害做下级的、做代理的利益，那么就算它的产品再好，也会江河日下。没有人是来让其他人占便宜的。占人家小便宜，人家可以弃之而去。占便宜太多，基本上都是犯罪，后果也可以预见。我们要始终牢记，没有团队，我们自己不可能快速发展。我们要深知责任的重要性，对自己的团队负责，反过来也要求团队对自己负责。只有走上相互负责的良性循环道路，团队才会稳健，才会壮大，团队成员也才会实现长久共赢。

对微营销来说，诚信是必备品质。个体开展业务也好，团队的建立也好，都基于人与人之间的信任。很明显，做微营销需要相互之间拥有比做传统生意更多的信任，并且这种信任容不得丝毫破坏。只有诚信经商，才能走得长远。对一个有志于做大咖的微商来说，如果不守信，乱定价，压货，或者答应分配的利益临时变卦，接下来他不仅什么事情都难以开展，无法促成良性发展的团队，而且难保不被蚀光，"身败名裂"，葬送大好"钱"程。

微营销是一个很容易浮躁的行业。我们都听过许多神话，许多传奇，但回过头来看，太多的神话已破灭，太多的传奇在消失，唯有踏踏实实卖货，做好自家生意的微商，还在延续。走在踏实的道路上，才能享受到做微商的丰厚回报。务实，是对自己负责，也是对家庭、团队、社会负责。

第二，感恩。

感恩要求我们互相认同，只有认同彼此的价值观，才能建立好的相处模式。感恩要求我们勇于培养，身居管理岗位的人要有意识地去培养下属，下属才会以认同作为回报。感恩还要求我们知恩图报。

说到感恩，有人马上会想到孩子给妈妈洗脚的宣传片，这当然是感恩，但感恩不仅仅是这样。它不是形式，而是具体的态度。

简单来说，我们和团队、我们和公司不是单纯的利益关系，只有大家把团队、把公司当作大家庭，把彼此当成亲人对待，将心比心，团队才能真的像家庭，大家才能获得亲人般的关怀，才能打造出"打虎亲兄弟，上阵父子兵"的超级团队。

前几年有一本畅销书，叫《感谢折磨你的人》，细细想来，果真如此——

感谢我们的竞争对手，因为他让我们头脑清醒。

感谢折磨我们的人，因为他磨炼了我们的意志。

感谢欺骗我们的人，因为他增长了我们的见识。

感谢批评我们的人，因为他让我们成长。

多感谢、多感恩，我们会成为自己想成为的人。否则，被人涮了一次，就把所有人都想象成坏人，接下来的生意还怎么开展？当然，能够不被骗，尽量别上当。要感恩，但别以受折磨为前提。

第三，发展。

发展是微营销必不可少的心态。商场如逆水行舟，不进则退。对个人而言，想做好微营销，一定要执着，只有执着其中，执着不悔，才能发展，做大做强个人品牌，并在此基础上去发展其他品牌或业务线。

这必然离不开学习。我们所处的时代，不再是比学历的时代，而是比学习力的时代。在这个快速发展的社会，不再是大鱼吃小鱼，而是快鱼吃慢鱼。学习快的人有可能成为快鱼，学习慢的人有可能成为被快鱼吃掉的慢鱼。

对微营销来说，学习尤其重要。微营销行业，渠道变化太快，只有不断学习，不断充实自己，才不会在这个高速运转的行业被淘汰。每个人都不应以忙碌为借口，都要从繁忙的工作中抽出些时间，静下心来学习，塑造自己不可替代的软实力。如果我们的潜在客户学习了，而我们自己没有学习，潜在客户势必会觉得我们与他们的素质相差太远，他们就不愿和我们交往，因为他们觉得跟我们做微商，前途不会光明，道路不会宽阔。如果我们的代理学习了，而我们自己没有学习，我们就有可能被超越。在这个行业，应该时刻保持学习之心。

需要提醒的是，互联网时代信息瞬息万变，机会转瞬即逝，只会机械学习远远不够，勇于创新的公司和团体才有蓬勃的生命力。创新，是必须要做的事。我们也不必把创新想得那么难，一个小小的推广文案的创新是创新，引流方式的创新也是创新，无数个微小的创新，最终会形成大趋势。

第四，坚持。

成功没有捷径，做微营销贵在坚持。

成功也没有技巧，踏踏实实地努力、探索，成功迟早会来。

当我们拥有了责任、感恩与发展这三大信念之后，在做微营销的路上，已经是万事俱备，只欠东风。何谓东风？坚持。

三分天注定，七分靠打拼。

水滴石穿，绳锯木断，说的就是坚持的重要性。

但需要注意，坚持的前提是正确的方向，方向不对，努力白费。而找到了正确方向，没有坚持，努力也是白费。这是个必须辩证看待的问题。

牛根生说："多为成功找方法，少为失败找借口。"任何事情，如果你选择半途而废，那注定失败。任何事情，只要能坚持做下去，至少有成功的可能。

以做微营销为例，有人坚持在微信朋友圈发产品信息，坚持晒单，但一个月下来，他发现没有人询问或购买，就此放弃微营销。其实他的朋友们已经在观望，有些已经在考虑他的产品信息是否可信，还有一些已经心动，但他就此放弃了，对方也彻底打消了马上就要相信他的念头。

成功有秘诀吗？

有，那就是贵在坚持！

微营销的口才能力

有一句话非常经典：被逼无奈，成长最快。

微营销中，当我们要开始讲课，有人要听我们讲课，我们被逼无奈时就一定能讲，而且越讲越好，这是人的本能。每个人都想要证明自己的价值，当我们被逼到一定地步，我们就能发挥出自己的潜能，会发现自己比想象中的还要优秀。

大家显然都知道或者经历过：有些产品知识我们背了无数遍就是记不住，突然让我们讲课讲这个产品，让我们上台分享这个产品，讲过几次，就记住了。为什么？

因为教与学互相促进。通过讲课，我们能迅速记住自己想记住的东西。

想要成为一个成功的微营销高手，就要有营销口才。

第一，必须了解听众。

了解听众的过程就是了解该如何组织销售内容的过程。

提醒大家：并非所有听演讲的人都是我们的听众。

他们是小白，还是代理商，是哪个级别的代理商，这些都很关键。确定谁是我们的听众是成功营销，锻炼好口才的第一步。

如果我们是在团队的内部微信群里面对一群熟悉的同事讲话，那么我们的演讲已经有了不错的开端，因为自己的团队同事就是自己的听众。

如果我们要在一个 500 人的群里演讲或是在一个大型的招商会上，听众的组成就变得复杂起来了，可能有合作伙伴，可能还有竞争对手。

如果我们被邀请到另一个微商领域做客座演讲，那听众的组成就更不确定了，我们需要认真地做课前调研，正所谓"没有调研就没有发言权"。

一场演讲只能有一个重点。一场演讲中，不管听众有多少人，我们都要从中找出"重点听众"来，然后花 90% 甚至 100% 的精力在这些"重点听众"身上。

第二，要注意听众的兴奋点。

听众关心的永远是收获。

从听演说中能够收获荣誉感吗？（表彰、动员演说）

从听演说中能够收获成就感吗？（表彰、慰问演说）

从听演说中能够收获金钱吗？（代理商、投资者）

从听演说中能够收获健康吗？（产品讲解）

从听演说中能够收获效率吗？（代理商团队）

从听演说中能够收获品质吗？（代理商、消费者）

从听演说中能够收获安全感吗？（零风险承诺）

从听演说中能够收获自豪感吗？（阶段性的总结演说、讲师班演说）

听众关心的两个方面：

物质收获：金钱、健康、效率、品质。

精神收获：荣誉感、成就感、安全感、自豪感。

在不同的演说中，听众关心的问题也是不一样的，但是一定不会脱离以上的范畴。

第三，对演讲有恐惧。

演讲恐惧是人人都有的心理状态。一个人越恐惧，想要表达出来的想法就越少；想要表达的想法越少，能实现表达的想法就越少；能够实现表达的想法越少，就越恐惧。这是一个恶性的循环。

要应对恐惧，我们先要找出恐惧演讲的原因：

原因一：死要面子。

要面子的原因是害怕出丑，演讲就等同于要将自己的自卑展现给陌生人，所以对此倍感恐惧。

原因二：准备不充分。

准备不够充分，那么在授课时就会有所担心，影响自己的发挥。

原因三：对自己不自信。

不自信是恐惧演讲的首要原因，也是所有恐惧的根源。

原因四：没有经验。

经验的缺乏是恐惧演说的一个常见原因。

原因五：过去失败的经历。

失败的回忆使得很多人都不愿意有第二次，一想到过去，就对演讲充满了恐惧和焦虑。

原因六：过度追求完美。

任何一场课程都不会 100% 让人满意，这样的结果让他们感到恐惧。

原因七：听众人数。

过多或过少的听众，都会刺激演讲者产生恐惧的心理。

原因八：身份不对等。

如果听众都是比较重要的人，很多人会感到紧张。如果听众是一群幼儿园小孩，这种紧张感和焦虑感就会大大降低。

迈出第一步总是比较艰难，只能不断地磨炼，从中获取经验，不断突破，掌握技巧，最终赢得他人的赞赏。

第四，讲故事与故事思维。

微营销者必须明白讲故事和故事思维是两种不同的观念，才能让它在扩大团队和品牌运作中起到良性的作用。

讲故事是一种策略。讲一个故事去卖产品和真正成为一个故事之间是有区别的。二者之间的区别在于，仅仅使用例子或者是暗喻去阐述一个观点，还是把这些观点演变成一种值得人们推崇的价值观。

故事思维是一种全局性的战略，而不是为了达到目的的一个战术，它能使情节和主题相互支持。而讲故事通常只是介绍情节。

故事思维对于微营销操盘手具有重要的意义，讲故事是一种非常有效的方法，它能让人了解自己要解决的问题，故事思维也能做到这一点。它还能深入到核心解释为什么我们的品牌、产品能够存在。

微营销的演说方程式

微营销演说方程式是从开场白开始，要听众对我们从一无所知，慢慢地变成有兴趣了解，最后他想要采取行动，这个流程大概分为以下步骤。

第一，引起人们的注意。

能够引起人们的注意，这是第一点，也是非常重要的一点。

微营销演说三种形式："语音""文字"和"图片"，其中"文字"和"图片"尤为重要，必须通过犀利的文字和精妙的图片作为第一个诱饵来抓住听众的注意力，这就是微营销宣传图片需要极致的原因之一。此外，现场互动也非常重要，这是抓住听众注意力的第二个诱饵。

第二，激发人们的兴趣。

一旦抓住了听众的注意力，第二步必须要激发听众的兴趣。一定要说听众想要听的东西，比如：产品的独特卖点、模式的独一无二、团队的状态实力。这些是听众想要听的，因为这三点满足了听众能够赚钱的梦想，听众就愿意听。一定要100%站在对方的角度考虑。

第三，获得人们的信任。

人们喜欢与他们相似的人，人们喜欢喜欢他们的人。

人容易信任跟他一样或者跟他相似的人，这是人的本性。

明星有很大的吸引力，这就是这么多品牌愿意花钱找明星代言自己产品的原因。

进行自我包装，就更容易让对方信任我们。首先是让他相信我们跟他是一样的，然后让他相信我们是专家。我们能在他的心目中塑造一个明星的形象，那就更好了。信任是销售的关键。越向塔尖移动，信任度就越高。所以我们要打造自明星。

第四，刺激人们的欲望。

当大家信任了演讲之后，现在要转身，告诉对方要给他们想要的东西。要告诉他们，他们究竟要得到什么，并列出他们能得到的最有吸引力的1234点具体的价值。把这个价值塑造得很好的时候，他会觉得：嗯！这个东西太好了，他想要。确实切中了听众的要害，其实他们已经慢慢地想要给他们的这个东西了。

第五，催促人们去行动。

通过演讲煽动，催促对方采取行动。演讲的最终目的就是要让对方采取行动。如果没有行动，什么也没有用。所以催促对方行动的这一步是非常重要的。

第六，采用一个好结尾。

演说结尾收人、收钱、收心。

演讲要在整体达到高潮时截止，表明结尾要把演讲推向高潮。最好的结尾或者出人意料，或者耐人寻味，都要给听众带来享受和满足。

（1）幽默结尾。利用幽默结束演讲可为演讲增添欢声笑语，使演讲更富有趣味性，令人在笑声中深思，并给听者留下一个愉快的印象。

（2）祝贺结尾。用祝贺或赞颂的言辞结尾，能营造欢乐愉快、热情洋溢的气氛，使人增加自豪感和荣誉感，激励人们满怀信心创造未来。

（3）名人名言结尾。名言式结尾，增加了演讲的可信度，显得更加优美、含蓄、睿智、大气，具有较强的说服力和鼓舞作用。

（4）诗词结尾。一个微营销者用了一首诗词来结束演讲，背诵这短短4句诗词时非常铿锵有力！在演讲的最后，我送大家一首诗：白日依山尽，黄河入海流。欲穷千里目，更上一层楼！

当现场的掌声将整个演讲会场带进了高潮，适当用一些诗词来作为演讲的结尾，也是一种很好的方法。

（5）提希望或呼吁结尾。或提出希望，或发出呼吁，或展示未来，以激起听众感情，使听众产生一种蓬勃向上的力量。

想做赢家，先做专家

微营销，让我们重视一个避不开、反复强调的话题：为什么提起杀熟，人们会深恶痛绝？

不信我们可以到网上搜一下，只要"杀熟"与"微商"这一组关键词，那么相关信息没有一千条，也有八百条。看到这些绝对算不上正面的消息，有些微商可能会很生气，但是没必要，平心而论，人家说的确实是那么回事。比如有篇文章叫《微商做了这么久，你还在杀熟吗?》言下之意，你若是个微商小白，杀杀熟，练练手，也就罢了，但不能没完没了，更不能除了杀熟啥也不会。

丰富的行业经验加丰富的客户资源，才能拥有丰富的销售成果，同时才能创造好的销售。要求微商小白具备这些资源不太现实，但是我们必须树立一种意识，那就是如果想成为行业的赢家，首先要成为这个行业的专家。没有人生来就是专家，我们也不必把专家定义得那么高大上，并不是只有研究飞机、导弹、航天器的人才叫专家，只要在专业领域内拥有一定专业能力的人，都可以叫专家。正如同人脉需要慢慢积累一样，只要不拒绝学习，是个有心人，时间长了，一个人的专业知识与行业经验就会慢慢提升，最终体现在自己的销售逐渐提高上面。

我们来看一个很有启发意义的案例：

这是一位代理——姑且称之为王红吧，她做代理时已经不是小白了，因为以前做过面膜。做面膜时，她刚刚拿完货，马上就从身边的朋友开始入手了。她首先找到的是自己的原同事兼好朋友——刘燕妮，然后向刘燕妮推销自己的面膜，说这款面膜虽不是知名品牌，但效果却堪比国际大牌，价格也相对更实惠。王红还说，有试用装，你就先试试吧，用着好再买，言下之意不好的东西我绝不会代理。刘燕妮呢，碍于情面，不懂得拒绝，就接受了，第一单就算成交了。

后来王红又去找刘燕妮，问效果怎么样啊，这样那样的问题问了一堆，刘燕妮还是碍于情面，勉勉强强把产品夸了一遍，但实际上她根本就没用。这可不得了，听刘燕妮说不错，王红马上继续向她推荐，让她继续购买，刘燕妮又不好意思拒绝，又买一盒，自己依然不用。

一段时间以后，王红又向刘燕妮推销，刘燕妮实在受不了了，直接说我不要了，上次买的还在家里放着呢……

王红说你应该坚持用的，你怎么不用呢？这堪比国际大牌，而且我卖给你我一毛钱都没赚，你怎么不理解，为什么不用？

刘燕妮解释说，其实我这个人不爱化妆，也不爱保养，我天生丽质，用不着，上次买是因为想帮你，事实上我不需要，所以一直没用。

王红从此心里拧了疙瘩，反复想，我原价给你，你不捧场，还说你不用面膜，鬼才信！你反正都要用，为什么不用我的呢？我又不赚你的钱，买到就是你赚到了，居然不用……刘燕妮呢，以后也躲着王红，生怕她再推销。

想必很多朋友都有过类似的经历，早期的微商确实都是这样从发展身边好友开始的。但这样一来就产生了问题，朋友碍于情面买了你的产品，却伤了彼此的感情。也就是所谓的杀熟！由于没把握好尺度，你和朋友都被微商给伤了。

如果一个微营销者已经不再是微商小白了，那就及早放弃杀熟吧。如果除了杀熟之外还不知道怎么做微商的话，那就赶紧抓紧时间学习吧。

马云如是说："最先买我们东西的是陌生人，最先屏蔽我们的是闺蜜。最先删除我们的是酒肉朋友。当某天我们发达了，每当聚会请大家吃饭玩的时候会发现，除了陌生人不在，其他人都在。"原因何在？原因在于陌生人和我们没有感情，在我们身上看到了价值，于是用钱和我们做交易，交易结束，之前的关系也就结束了，无论以后是富贵还是贫穷，都和陌生人无关。而朋友，他们对我们有感情，不是交易。所以千万不要把上面的马氏格言放在朋友圈里刺激我们的朋友，否则我们就真没朋友了。

除了熟人，还能去哪里开发客源呢？

其实找到客源并不难，难的是让他们成为客户。把客源变成客户，需要我们怎么做？要做专家。

真正意义上的专家，是不需要自己去找客源的，各大电视台的邀约他们想拒绝都难。当然指望大家都成为这样的专家不现实，但干一行就应该爱一行，而爱一行的基础是对这一行有个基本的了解。像上面我们举的那个例子，其实我们的主人公王红是有很多硬伤的，最大的硬伤可能就是她不该选择做面膜代理，她亲自讲过，自己根本就不用面膜，代理无非是想赚点钱。自己都没用过，怎么能说它好呢？这已经不是专业不专业的事情了，而是对自己和自己的朋友不负责任了。再者说，万一刘燕妮想让她介绍一下这面膜具体怎么好，或者想让她分享一下体验心得，岂不更加尴尬？什么叫分享？它必须是建立在我们亲身体验基础上的，像王红这样，不叫分享，是把朋友直接当成了提款机。

我们在现实生活中经常看到一些不太成熟的销售员，要么是生性腼腆影响了发挥，要么是产品知识没有纯熟掌握，介绍产品或使用相关话术时语言生硬，犹如背书，这是大忌，作为销售人员，你要像个翻译人员，先把相关的书面知识转换成自己的语言，然后以一种顾客能够听明白的方式讲出来，简单明了，通俗易懂，就可以了。

除了做产品知识的专家，我们还要做销售专家。

销售的本质是什么？不是卖东西，而是满足需求。销售的过程，实际上是一个分析需求、判断需求、解决需求、满足需求的过程。还说王红吧，她之所以把面膜推销给刘燕妮，是基于刘燕妮是女孩子，有做面膜的需求这个并不存在必然因果关系的伪逻辑，换句话说，她的第一步——分析需求就走错了，结果可想而知。销售无疑是个辛苦活儿，但她显然是把销售当成了力气活儿，以为凭着一身蛮力，就可以撬动客户，这实在是一厢情愿。

归根结底，还是那句话——想做赢家，先做专家。

责任为成功保驾护航

责任感是微营销成功的保障。

我们依靠例子来说明：

小以斯贴说她自己也没想到这么快就做起来了——三年前，小以斯贴跟所有家庭主妇一样，一边在家带孩子，一边想经济独立。只不过，一般女性都是想想而已，而她坚定地迈出了第一步，靠透支800元信用卡起步，摆地摊、开服装店、做微营销，三年时间成为身价千万的微营销大咖，就像灰姑娘穿上水晶鞋一样变成了女神。她叫小以斯贴，行业的"微女神"。

一、透支800元信用卡开启创业路

"那时候太难了，一分钱也没有，只好刷了800元信用卡去进货。"小以斯贴说，她不甘于平庸，想经济独立，所以，没有向家里人要一分钱。就靠着那800元进的饰品摆地摊，小以斯贴的生意就像滚雪球一样，每赚一点钱，就继续投入到地摊生意中。

地摊生意的火爆，放大了小以斯贴的梦想，她借钱开了一家服装店，告别了过去的游击作战。因为对时尚有独特的理解，她店里的款式很受消费者喜爱，加上她为人处世非常和蔼可亲，很快就积累了一批忠实用户，服装店的生意稳定下来了，借来的钱也很快就还清了。闲不下来的小以斯贴，很偶然地接触到了微商，并迅速成为微商大军中的一员。

在不到两年的时间里，小以斯贴打造出了4800人的团队，工作室就设立在服装店楼上。由于实在忙不过来了，在国企端着铁饭碗的老公辞职了，帮着小以斯贴一起来打理生意。小以斯贴说，"微营销的节奏实在太快了，我也没想到这么快就做起来了"。现在，小以斯贴已经不再是那个需要刷信用卡来做生意的家庭主妇，而是被微商小白们羡慕不已的女神。

小以斯贴说，"微营销对我的生活有着很大的改变，以前从来没有想过，仅仅通过一部手机我就可以买房子、豪车，以及一切我想要的东西。当这些东西都一一实现的时候，我是很感谢微商的，感谢微营销的低门槛，给了我一个实现梦想的机会。"

二、信仰品牌的力量，相信相信的价值

从传统的服装店主，到微营销团队创始人，小以斯贴成功的背后有一套自己的标准。"我只选择大企业、大品牌，它能够给我带来稳定的市场，以及可控的风险。"她说，任何一个新兴市场都需要培育，微营销本来就是一个新生事物，如果选择线下成熟的品牌，就能够降低更多的培育成本，把更多的精力投入到实际经营中。

小以斯贴最初选择的是一个小品牌，短短两个月时间，团队发展到了510人。后来因为一些个人因素，她解散了团队，短暂休息了一段时间。不久，她又选择了一个大品牌作为代理品牌。她说，"这个国内品牌有接近50年的品牌积累，值得信赖，这样的品牌成功概率远超其他品牌。"

小以斯贴的判断确实很准确，依靠一个好的化妆品品牌，她迅速打造出了一个5000人团队。她透露，最近接了一个超级品牌，国内日化龙头企业的品牌。她说，得知其进入微商行业之后，她毫不犹豫地决定要做，要成为这个品牌微营销联合发起人。不过，这一次她多了一个标准，除了之前的"相信大品牌的力量"，还要"相信运营团队的力量"。

她解释，"因为这个品牌是中国最大的洗涤类品牌，品牌大、根基深，是家喻户晓的品牌，客户信任感更强。推出的洗衣片又是目前市场比较空白的产品，所以非常看好这个品牌的微营销市场"。

品牌背后其实隐藏着更大的力量，其一是技术优势，品牌的积累是技术的积累，完全不需要担心产品的品质，何况立白是洗涤类产品第一品牌；其二是信任优势，不但消费者不需要担心，微营销其实也很放心，大品牌都十分规范，绝对不会像那些乱七八糟的品牌那样乱来一气，也只有这样才能够给微营销带来一份长久的事业。

小以斯贴还透露，启动这个品牌的招商活动以来，市场反应出乎意料，比想象中的还要更加火爆，团队的人都兴奋起来。这个品牌作为一个超级品牌进入微营销新品类，给微营销市场带来了一股活力，连已经不做微商的老代理都被吸引过来了，新代理几乎是挤爆了，这也让小以斯贴更加坚定了自己的信任。

三、用专业打造专业化的微商团队

小以斯贴的团队超过5000人，主要以宝妈为主，还有一部分上班族和大学生。在她看来，只有专业才能赢得未来。大家都是从小白走过来的，之所以会出现一道分水岭，是因为有些人开始专业了，而有些人还一直是业余的。未来，一定是专业的战胜业余的。

微营销创业初期，小以斯贴转化了很多精准客户，这些是开服装店积累下来的，大家已经对她十分信任了。建立团队之后，团队有清晰的思路，迅速着手建立起一套专业体系，有固定的培训群，有固定时间段的培训，有团队专用的素材号，每天都有海量精美的高清素材，甚至还会有线下的高管培训会，加深团队之间彼此的了解和信任。

毕竟有别于传统企业，微营销团队可能天各一方，大家都靠微信建立联系，建立信任是一个关键的过程。小以斯贴透露，她一直是秉承"责任"的理念来做的，从来不干伤害代理的事，不会让代理压货，不会轻易换品牌，所以团队都很信任她。这也是其团队迅速壮大的原因之一。

"我很乐意看到团队的人成功，我希望能够帮助更多的人成功"。小以斯贴说，很多团队创始人害怕下面的人壮大，那会影响到创始人的利益。而她认为，只有团队的人成长起来了，能够独当一面了，传递微营销的正能量，这个行业才能越来越规范，越来越健康，才能越做越大，大家一起共赢才是真的赢。

经历过艰难创业历程的小以斯贴，已经不止于个人的成功，她的梦想又进一步放大了。她说，未来希望帮助更多人走向成功。这样一件令自己终身骄傲，令两个孩子自豪的事情，远比单纯的赚钱来得更有意义。

第十一章　微营销要注意的地方

微营销与时俱进，每时每刻都在发展。处于不断发展的时代，需要不断更新完善做微营销所需的知识和技能，但是，真诚、爱、友谊等内容是不会变化的。

微营销必备的成功心态

微营销，做的是价值观、心态、精神，这样做，就做成了事业。

给大家出一道选择题：

做微营销，有100万元的启动资金重要，还是拥有一个良好的心态重要？

相信大家会选100万元启动资金。但不得不说，这是个错误的选择。名人说过，心态决定一切。

其实我们非常理解大家，大家之所以认为100万元重要，是因为大多数人没有100万元，但创业的激情倒是满满的。缺什么，想什么，这是正常的。但创业不是作诗，想象力没用。没有多少创业资金，这是我们的现实，我们必须面对它。

俗话说得好：精神打起来，好运自然来。这里所说的精神，其实就是心态，或者叫精神状态。人要有良好的精气神。这个世界上，没有流不出的水，也没有搬不动的山，更没有钻不出的窟窿和结不成的缘。很多成功人士都曾经指出，他们能够成功并不像某些人所宣称的那样，吃尽千般苦，磨掉百层皮。对普通人来说，成功也不需要太多专业能力，乃至前不见古人后不见来者的智商。成功，80%取决于心态，剩下的20%取决于专业能力。

我们在做微营销的过程中应当具备怎样的心态呢？如何调整自己的心态呢？简单一句话：保持积极心态，避免消极心态。刚刚我们讲到了积极心态的重要性，下面就一些非常有害的心态做出提醒。

第一种错误心态：试试看的心态。

有不少人，花钱买了产品，最初拿货的时候也是想做微商的，但拿了产品之后，慢慢地变成自己用，不做销售或者不用心做了。他们当初只是看着人家在做微商，赚了钱，有了起色，自己也赶紧跑过来凑凑热闹。其实，我们要么不做，要么就全力以赴。我在这里强调，微营销不是凑热门，是生意，是事业，做得好还是大事业。这个道理其实也适用于其他所有行业。但无论多好的事业，心态不好，都只能被浪费，被荒废。

第二种错误心态：做微商是帮别人打工。

在这里，必须予以纠正：微商是做自己的生意，朋友、伙伴或者其他带我们入行的人，为我们提供信息、提供资源、提供一路的辅助，他们赚取合理的差利是无可厚非的，大家互惠互利，共创共赢，合情合理也合法。当你发现自己不可避免地在为朋友或伙伴创造着利润的时候，不应该心生芥蒂，而是心存感恩。针尖大的心胸装不下馒头大的梦想。市场空间无限大，只有联合朋友，才能赢天下。

给大家分享一个小故事——《木匠的房子》：

话说有位木匠上了年纪，想趁自己还健康及早退休，享受生活。老板非常惋惜，但不便强留，只问他能否再建最后一栋房子，就算给老板帮忙。木匠答应了，可他的心思已经不在工作上了，不仅手艺粗糙，还偷工减料。完工后，老板来了，他拍拍木匠的肩膀，说："房子归你了，你跟了我这么多年，这是我送你的礼物。"木匠十分震惊，也无比后悔。如果他早知道是在为自己建房子，绝不会这么干。

我们就是那个木匠。有的人每天钉一颗钉子，锯一块木板，垒一道墙，都尽心竭力，有的人则是能糊弄就糊弄，能凑合就凑合。最终我们发现，特别是那些不成功的人，终于会吃惊地发现，他们将不得不住在自己建的房子里，感慨万千……世上没有后悔药。人生是最伟大也最现实的工程，希望大家都做自己心态的主人。

第三种错误心态：代理的产品或品牌越多越好。

我们要知道，并不是代理的品牌越多，就代表做得越好，赚得越多。代理品牌的数量要跟我们自身的能力相匹配，千万不要盲目代理过多的品牌。做人做事做微营销，都应该一心一意。这并不是泛泛而谈。试想，如果我们每天在朋友圈推广平均数十条以上的信息，自己刷屏刷得欢，但朋友们看得厌烦，时间长了，我们的朋友圈只会越来越窄。那些依然不拉黑我们的人只有两种：碍于情面的身边人和承受力极强的微友。但他们未必会买我们的产品——不拉黑你就应该知足了！况且，我们早晨卖衣服，中午卖化妆品，晚上又卖保健品，林林总总，杂七杂八，只会让人觉得我们不专业！

第四种错误心态：依赖思想。

有些代理，不主动学习，不积极思考，不和下级代理进行有效沟通，过于依赖上家和团队，这不仅不利于整个团队的发展壮大，更不利于自身的成长。一定记住：天道酬勤！上天会按照每个人付出的勤奋，给予相应的酬劳，多一分耕耘，多一分收获。

第五种错误心态：见利忘义。

没有任何一个自私自利，投机取巧，低价、乱价、串货的微营销者能成大器。传统行业也是如此。有的人，最初可能占点小便宜，有的人，也可能会占到大便宜，但最终都要接受命运的惩罚。种恶因，怎么能得善果？另外，物以类聚，人以群分，只有优秀的人才能吸引同样优秀的人，微商也好，其他生意也罢，首先被淘汰的，注定是人品差、口碑差的人。谨记：小胜凭智，大胜靠德！

第六种错误心态：没有坚定的信念。

有些人，可能会因为一些小失败、小挫折，而放弃了做微营销。而微商的魅力源于人际关系网络的传播功能，微营销的强大来自于从量变到质变的过程，在大多数人不能坚持的时候，有人选择多坚持了那么一会儿，从而经历风雨，收获了彩虹！坚持不到彩虹盛开，我们能收获的只有泥泞。

给自我、产品、受众正确定位

何谓"定位"？

按照"定位之父"杰克·特劳特先生的说法，定位要从一个"产品"开始。这里所说的"产品"是广义的产品，它可以是一种商品或一项服务，也可以是一个机构或一个人。考虑到微营销的独特性，我们首先更愿意为一个人——我们自己进行定位。

哈佛商学院流行着这样一个故事：

有一个乞丐每天在地铁口卖铅笔。一天有位商人匆匆而过，向乞丐的破杯子里投了几枚硬币，但忘了取铅笔。过了几分钟，商人突然返回来，取走一根铅笔，并对乞丐说："对不起，我忘了拿铅笔，毕竟，你我都是商人。"然后匆匆离去。几年后，这位商人参加一次高级沙龙时，一位衣冠楚楚的人士向他致谢，商人不解。对方坦言自己就是当初在地铁口卖铅笔的乞丐。而他的生活之所以会发生巨变，得益于商人那句话："你我都是商人。"在此前他一直都把自己看作乞丐。

这个故事阐释了自我定位的重要性。事实上，自我定位是个人能量的释放起点。这是宏观的一面。微观方面，个人定位一定要跟个人的优势、爱好、性格匹配。微营销是个新兴行业，问世仅有几年，时间太短，导致我们微营销者特别是新手微商，来不及反思和考虑自我定位的问题。打开很多人的朋友圈，不是杂乱无章，就是没有特点，不是让人厌恶，就是不够吸引人。你的微信昵称、头像、个性签名等都直接影响着你的事业，因为它们直接且非常直观地对外反映着你的个人特色。如果这个特色是积极的，就会有益于你的工作生活。反之，会带来不好的影响。

可以说，朋友圈就是我们的舞台，是我们的阵地。好的朋友圈能彰显自己的特点，获得优势。好的朋友圈能射出无形的子弹，俘获受众的真心。比如说做饭很好吃、家庭幸福、颜值高、懂护肤、会写文章等，这些都可以是一个人的标签。总之，有优势就要发挥出来，没优势就去努力学习，打造自己的优势。别人认同我们，肯定是我们有值得别人认同的地方。我们可能没有意识到这一点，但那些优势始终在发挥潜移默化的作用。

有人可能会讲，我这个人确实没什么优势，我应该从哪方面学起呢？很简单，兴趣是最好的老师，做自己喜欢的事才会有激情，才会用心。我们做微营销，不也是因为我们喜欢这种生活方式与商业模式吗？有人或许为了谋生或赚钱而选择做微商，这无可厚非，但我们奉劝所有准备做微商以及已经在做微商的人要么尽早喜欢上它，要么尽早放弃，因为这个世界上我们能够喜欢上的事物并不多，谋生也好、赚钱也罢，并不是非做微营销不可。

再往细分领域说，如果我们做引流很厉害，那就应该把自己打造成推广大师；如果做线下销售很棒，那就多发一些线下活动的内容。总之定位越清晰，就越容易成功。

其次是对产品定位。微营销要代理好的产品，好的产品自己会说话。在这里我们想进一步说明，首先我们要明白什么样的产品才称得上好产品，并且不能完全指望好产品自己会说话，关于产品的好处，比如特性、功能与优势，我们不仅要一清二楚，还要能够条分缕析地讲给别人听。

做到这一点，需要我们投入必要的心力与精力。简单来说，我们对产品的认识不能局限于产品本身，还要了解产品的背景知识，比如行业发展历史、生产企业的光辉史等。很多微商都会告诉人们，我们是大牌，但大在哪里呢？他们讲不上来，这样，大牌也成了小牌。

不可否认，行业内存在一些做微营销的，他们口才出众，即便是小牌，甚至是没牌的产品，经他们舌绽莲花，也成了大牌。我们不提倡这种做法，做微营销不能靠忽悠，我们只要熟知自己代理的产品优势并把它讲出来就好。如果我们代理的是小牌或者无牌产品，那我们就应该及早换一家大牌公司，而不是不负责任地乱吹。这是正道。

最后是受众定位，也就是顾客定位。

我们的顾客群体是哪些人？潜在顾客有哪些潜在或者刚性需求？这是我们必须考虑的问题。如前所述，自我定位最重要，产品定位也重要，但自我定位之后，选择了微营销行业之后，我们必须明白，产品是要卖给顾客的。有人说，顾客至上。问题是，我们了解顾客吗？又了解到什么程度呢？

只有了解并且非常深入地了解我们的顾客类型，了解我们的顾客喜欢什么、需要什么，我们才能更好地做好销售，乃至在了解顾客的基础上不断优化我们的产品。曾经有代理问：老师，我明明加了很多好友，朋友圈几千人，可出单量极少，这是为什么呢？老师简单浏览了一下他的朋友圈，然后反问他：你认为你的好友都是你的潜在客户吗？你是卖化妆品的，而且是卖非常高端的化妆品，但你看看你的好友，除了男人、学生党，就是没有经济基础的人，你凭什么会觉得这些人是自己的潜在客户？可以说，这些微信好友基本上都是没有价值的。和他一样，我们都应该思考："我需要什么样的顾客？我的顾客需要什么？"围绕这两个问题，对顾客进行定位。

微营销的四点误区

微营销要避免进入误区，进入误区就不会出成就，对人的负面影响很大。这些误区只要注意，就可以躲过。

误区一，只要传播就能获得好效果。

有一部分人，我们称这部分人为微营销无敌论者，他们认为以后只要做了微营销，就一定为他们的产品创造出良好的效果，我们前面也说了很多微营销的优点，"微营销"这个概念的确是很时髦很新潮，当然是好东西，是比较新颖的营销渠道和营销方式。但话又说回来了，"微营销"和传统营销的区别，也只是营销方式和营销方法的问题，比如，西方人吃饭用刀叉，而我们东方人则用筷子，其最终目的就是要解决饥饿问题，"微营销"只是一个工具而已，刀叉或筷子而已。

我们都知道，好营销口碑形成的最基本要求就是必须确保拥有优秀的产品质量，劣质和低劣的产品肯定不会给消费者带来良好的消费体验，所以，在这种情况下，再好的工具，再好的营销手段，都将无济于事。

微营销能做的，就是借助微博、微信、微视频、微淘等这些新颖的方式和手段来帮助优秀的产品，来加速好信息的传播和形成，而不是捏造事实，更不是对劣质产品进行撒谎吹嘘，当然俗话说"好事不出门，坏事传千里"，要真的是劣质的产品，信息传播也会很快，当然产品的品牌形象也好不到哪里去。

微营销还有另外一个显著的特点就是它具有互动性。试想，产品质量不过硬，那么它的使用价值也相对会大打折扣，无论用户怎么用，都不会有很好的口碑。微营销可以为消费者提供抱怨的平台，若消费者使用了该产品后差评不断，那前期营销做得越好，产品的缺点越容易暴露在消费者面前，这很可能是在花钱为自己制造负面效应。因此，不管营销手段如何，产品自身过硬的品质才是形成好口碑的坚实基础。

误区二，只听好的而忽略负面信息。

很多人都知道闹得沸沸扬扬的"某某事件"。有网友发微博爆料，在印度旅游时在一座珍贵的建筑物上看到"某某在此一游"的中国汉字，随即，这条微博被广为传播，当时的转发量达到 90 多万次，国内主流媒体和视频网站都进行了跟踪报道，可谓一场轩然大波。

微信、微博传播速度非常之快，"某某"被人肉，他家人的正常生活也受到影响，连小区的居民也叫苦连天，更让人惊奇的是，"某某"事件引发了网上"缉拿"文物刻字人的狂潮。

这个事件告诉我们一个道理，微营销是一把双刃剑，运用得当会给企业、产品等带来正面的建设力，但是也会由于负面声音的自发传播带来极大的破坏力。

有统计数据显示，负面声音的传播速度是正面声音的十倍，这就叫"好事不出门，坏事传千里"。

负能量传播速度之快，覆盖面之广令人震惊。所以，我们对负面声音的处理决不能放松。遗憾的是现在很多企业和个人面对危机时往往表现得手足无措、无所适从，甚至碰到负面声音，干脆不闻不问。这样问题就来了，坏消息不可能因为你的掩耳盗铃就会自动消失，在信息传播速度如此快的大环境下，如果不主动处理，那后果不堪设想。

综上所述，在微营销的大环境下，企业决不可只听正面消息而忽略负面信息。那样负面信息可能对企业造成不好的影响，纵然有多好的营销策略都将于事无补，或者起反面作用。

误区三，"病毒"营销就是微营销。

"第 21 张照片"是美国一个拆弹专家莫里斯的故事，他在阿富汗战场上失去了四肢，但女友丹尼尔对他不离不弃，用 21 张照片呈现了他们的爱情故事。这股正能量很快就在社会传媒中广泛传播，人们纷纷转载，中央电视台央视新闻的官微，也发起了"第 21 张照片"——向英雄致敬延续正能量的活动，很快便席卷了将近一亿人。

微营销要知道："病毒"营销是一种非常神奇的营销方法，受众会自动自愿地传播扩散具有企业或其品牌、产品（服务）关键词的信息。它以几何级数的速度迅速扩散，相比其他营销手段，其最大的优点就是花费的成本不是很大，但效益却很显著。

"病毒"营销就是找到一个引爆点，然后将与企业、产品、项目、课程、价值观等内容有关的商业信息和广告植入，我们称之为信息伪装，微营销时也要"制造一个大事件"。

其实，微营销是众多营销环节中的一环，把微营销从营销中剥离，仅仅依靠微营销就想达到"病毒"营销的效果是不现实的，也是不科学，没有效率的。

现在传统营销还占据品牌宣传的重要阵地，做好传统营销，用微营销去补充、补全传统营销达不到的地方，这样才能形成"病毒"营销，取得好的效果，单单微营销还无法起到好的营销效果。

微营销本质就是一种化整为零的、散落在消费者周围的、潜移默化的传播方式和影响过程。

误区四，微营销是受限最少的传播方式。

很多企业选择微营销，是因为传统营销过程中会受到法律法规的限制和制约，而微营销似乎由于每个人可以"想说就说"，让人觉得这样的传播无门槛，没有任何的限制。

法律法规对网络的约束很明显，网络也有自我的道德约束，超过这个范围的炒作必定会带来不良的影响。

微营销看似没界限、很隐匿，实际上在里面人人都可以被看个通透。通过正当的方法来促进良好口碑的产生和传播，进而使口碑快速扩散才是正道。

微营销如果妄图采用不道德的方式牟取利益，市场也不会买账，最终会伤害企业品牌。

异业联盟的原则

　　不同行业的联盟，这种说法通俗易懂，它还有一个专业术语，叫作"异业联盟"。

　　前段时间，一位微营销专家和一位朋友去一家餐厅吃饭，该餐厅非常有情调，环境很好，性价比也高，又赶上那天是周末，所以餐厅里的人非常多。抽到号的时候，前面还有七桌人在排队。微营销专家和朋友只好在旁边等待，百无聊赖之际，就看到收银台那里有好几个女生都围着，他们也跟着去看热闹，原来大家是在排队做美甲。朋友好奇地问，这个指甲怎么做？微营销专家也很好奇，餐厅怎么还有做指甲的？接着朋友又问：是不是免费？做指甲的美女马上递给我们一张小卡片，并说只要加她微信，首次体验价只有9元。我们知道，这个价位是非常诱人的，而且那还是行业内的一个品牌连锁店，怪不得围了一圈儿女生。

　　在餐厅做指甲，就是一个非常好的异业联盟案例。美甲首先给自己做了宣传，并且引流到了自己的微信上，此外目标客户非常明确，我们讲过，在中高端的餐厅咨询她的客户有相应的消费能力。对于餐厅来说，通过异业联盟提供美甲服务，解决了顾客漫长等待百无聊赖的问题，顾客对餐厅的印象也会非常好，同时做指甲的美女可能还会给餐厅付一定的报酬。

什么是异业联盟?

互换　　　合作　　　共赢

那么，到底什么是异业联盟呢？

其实上面的图片已经告诉了我们答案。先来看第一张，它是个拼图，它告诉我们想做异业联盟，互换是基础。就拿图片上的两个小拼图来说，想拥有一个完整的拼图，少了谁都不行。我们要进行资源的整合，基础就是互换。假如我们是做服装的，手上有10个会员，另外一个人是做护肤品的，手上也有10个会员，我们资源互换一下，岂不是每个人都有了20个会员？

第二张图片，强调合作——有了资源互换的基础条件，还要有良好的合作意识。正如这张图片所展示的，谁也不可能拥有全部资源，不可能绝对主宰所有事物。美国是全球超级大国，很多时候也需要与别的国家合作，比如美国头号战略对手俄罗斯。俄罗斯亦然。大的层面我们点到为止，有了互换基础，有了合作意识，才能达到我们的最终目的，那就是共赢。

第三张图片，展示的就是共赢。为什么要做异业联盟？异业联盟能给我们带来什么？众所周知，随着商业的发展，各领域、各行业竞争越来越残酷。大量小商家、小企业、小品牌的生存受到巨大威胁，为打破这种局面，很多商家选择联合起来，为了共同的利益，通过一定的组织和合作，实现联盟。对我们微营销者来说，实行异业联盟是为了什么呢？其实很简单，异业联盟是一种有效的扩大客户群并巩固客户群的方式，我们可以通过异业联盟整合联盟商家的客户资源，实现客户资源的互通互享，同时可以和联盟商家进行合作推广，不但能降低营销成本，同时凭借彼此的品牌形象与名气，提升促销效率。另外，可以通过联盟强化我们的资源，这是促进双方消费者利益最大化的明智之举。

不妨再回头分析一下前面讲过的餐厅与美甲联盟的案例。站在餐厅的角度，利用美甲服务可以消除顾客漫长的等待时间，巧妙地提升了餐厅的服务。对顾客来说，选择这家餐厅吃饭，不但享受到了美甲的优惠服务，而且利用等待就餐的时间完成了自我美化。在美甲师这边，有现场成交量，有对品牌的推广，有了潜在的优质的客源。当真是皆大欢喜。

那么，开展联盟应该注意哪些原则呢?

(1) 诚实守信原则。

大家要遵循契约精神，制定原则，标准执行，不能反悔。

(2) 互惠互利原则。

联盟商家之间所制定的原则必须相互平等，必须对彼此都有利。有一句话说得好，亲兄弟，明算账，反过来说，不平等，亲兄弟也会反目成仇。所以大家都要本着公平合作的意识去创造共赢。

(3) 品牌形象一致。

所联盟的商家的品牌定位应该一样，至少是相符的，品牌形象不能相差太远。

(4) 目标市场一致。

我们要联盟的商家的消费群体是一致的。举一个比较极端的例子，婚庆公司与卖墓地的公司就不便联盟，尽管从哲学角度来看它们都是人生不可或缺的。

微信运营上的五大注意事项

以微信运营为主的互联网运营可能是近段时间最热门的工作。在"互联网＋"大潮影响下，以微信公众号为站点，上到企业、单位，下到小店、个人，纷纷摇身一变，步入自媒体大军。自媒体不可避免地泛滥。那么多人都在玩自媒体，自媒体也确实给大多数人都带来了回报，但正如同样是做微营销有人月入数万元有人还不够电话费的道理一样，在微营销方面，微信运营肯定有其内在规律与必然原则，掌握并坚持相应规律与原则，才能达成理想效果。

不可否认，由于诉求不同，经营的商品不同，提供的服务不同，运营微信公众号必然存在行业性差异，但它们之间总有一些共性。通过实践，以及与一些业内精英的接触，我总结出了以下几大注意事项：

（1）微信增"粉"没那么快。

微营销看重微信是正常的事情，微信之所以受到追捧，原因在于微信用户的庞大基数以及微信"粉丝"的高黏性。基于微信"粉丝"的"病毒式"传播速度快、效果显著，这是没错的，但是这不等同于做微信公众号就会见效快，微信公众号要经过精准的市场分析定位、线上布局、吸引"粉丝"、培养"粉丝"，才能显现出效果。在这一过程中，势必需要投入大量的精力和金钱，但它们不是重点，重点在于要获取"粉丝"的信任与认同，需要大量的时间来培养。微信公众号增"粉"也不难，前面不是提到过吗，100元就能买1000个"粉丝"甚至更多，但都是"僵尸粉"，有何用？当然，如果你肯花大手笔投入，团队作战，就是另一回事了。

（2）"粉丝"贵精不贵多。

有朋友问，积累了几千微信"粉丝"，都是真实的，为啥做个活动，没有什么反应呢？每天的互动量怎么才几十呢？其实微信不同于微博之处，就在于它所追求的不是"粉丝"量而是精准的"粉丝"数，一个微博可以洋洋洒洒几百万"粉丝"，每天笑话鸡汤正能量，但微信要的是绝对的精准人群，宁要一个同行业的精准"粉"，也不要一锅乱炖。

比如一个学员是做奶粉代理的，前期为吸引"粉丝"，加之她当时对"粉丝"量的狂热追求，各种论坛、贴吧、百科、微博，狂写软文，链接狂铺，"粉丝"倒是来了不少，但精准"粉丝"——宝妈，数量不到1/10，效果不好是必然的。

精准的受众，取决于精准的内容，前面讲过，不要拿着胡萝卜去钓鱼，要钓鱼，要了解并理解鱼的喜好。

（3）不一定要围着"粉丝"转。

"粉丝"是微信的核心，没有"粉丝"的微信公众号一定是失败的微信公众号，所以我们在前面讲过太多关于如何为"粉丝"着想，一定要想"粉丝"所想之类的内容，但是凡事有度，我们不一定要围着"粉丝"转。一来，"粉丝"多不代表微信公众号运营得好，因为我们不是要纯粹地运营一个微信公众号，而是要通过微信公众号促进我们的微商事业，所以说"粉丝"并不是衡量我们的微信公众号运营效果好坏的唯一标准。二来，我们无法想象牛顿和爱因斯坦会成为别人的"粉丝"，他们只可能成为引领者。我们做微商也好，做微信公众号之类的自媒体也罢，都不可忽略自己身上这种属性。我们并不是要把之前所讲全盘推倒，只是提醒，单纯围绕受众打转是不全面的。要时刻记得，谁是"粉丝"。

（4）微信公众号成本并不低。

一分耕耘，一分收获。这是最基本的道理，但很多人为了做好微营销，在做微信公众号时都抱着小投入大回报的想法。网上有很多诸如"如何零成本获得上万粉丝"之类的文章，甚至有很多"专家"坚称，因为微信低廉的价格它必将取代传统广告，让很多人深受启发，坚信自己找到了发家致富的道路。在这里我必须告诉大家，永动机是造不出来的。某些人所谓的零成本，单单指资金的投入为零，但体力不是成本吗？时间就是生命，时间岂非是最大的成本？

微信并不是小投入高产出的投资，初期投入确实小，无非是定期更新内容，但产出也小，或者说根本没有产出；后期，无论是推广，还是互动，抑或维护，都需要成本，都需要人力和财力的支持。当然，这时候相应的回报也会逐渐增多。但绝对不存在零成本高收益。尽管相对来说微信公众号有它固有的优势，但绝不像那些不负责任的人说得那么玄乎。而且随着国家对相关平台的监管力度不断加大，相应成本会更大。

这么说不是为了吓跑大家，但讨论微信运营成功之前，必要的了解与准备还是必需的。

（5）完全不发广告或者广告无节制。

有位学员，很早就申请了自己的微信公众号，但一直没做广告。问他原因，他说是因为觉得自己的"粉丝"还不够，怕发广告把他们吓跑，所以还要养养。他的话不是没有道理，但显然没有全面看待这件事情。"粉丝"总会有流失，但我们不发广告，照样会流失。只需注意相关雷区，广告该发还是要发，而且要尽量早发，早一天见到回报，我们就信心越足，动力越强。当然，经常频繁地向微信公众号散播广告，极易造成"粉丝"反弹，导致大批量流失。最后提醒一点，"粉丝"并非绝对排斥广告，"粉丝"只排斥没技巧的广告。

微博营销的 4I 原则

任何事物都有两面性，比如微信公众号，固然有这样那样的优势，但写长篇大论并不是每个人都擅长的，尤其是那些 5000 字以上的文章；微博就比较简单，140 字的容量设置，你想多写也不行。后来，微博扩大了容量。

另外我们知道，微博比微信问世早，如果早就申请了微博且有一定的粉丝，没有道理像狗熊掰棒子一样，为了微信而抛弃微博。更何况前面讲过，微博与微信是相辅相成的，前者是后者非常好的引流平台。

同样的道理，无论你只是想经营好一个微博，还是想借助微博更好地为自己引流，都必须遵循一些基本原则，比如 4I 原则。

所谓 4I，就是 4 个以 I 打头的英头单词，分别是 Interesting（趣味）、Interests（利益）、Interaction（互动）和 Individuality（个性）。

（1）个性——做最好的自己。

作为自媒体，微博与传统的报纸杂志最大的区别在于它具有生命力，并且运营者拥有话语权。所以，运营者首先要把自己还原成人，脱离生硬的、高高在上的思维。运营者要有个性，要懂得有特点才有价值，要将自身特点和文化以及我们的产品结合起来，使用个性化语言，搭配最有趣的图片，让我们的微博鹤立鸡群，让我们的气质值得追随。

（2）利益——让粉丝获益，自己才有收益。

不图利，不早起。无利益，不关注。利益是"粉丝"的催化剂，利益会驱使着他们紧跟你不放。企业可通过一些活动或投票的方式为"粉丝"送秋波、送温暖、送实惠，给"粉丝"实实在在的利益。当然，这里的利益包括物质和精神两方面。总而言之，我们的任务是不断创造能够满足"粉丝"内心需求的事物。我们在实际操作中要有舍得精神，同时也要学会借力，既可发布自家产品的打折信息，也可发布附近商场的打折信息。

（3）互动——和"粉丝"积极互动。

不互动，微博就不能称为微博。不互动，微博与报纸何异？其实以往的报纸也互动，只不过它们较少与读者互动，更多的时候是与广告商互动。对把事业建筑在"粉丝"基础上的微商来说，怎么可以不互动呢？

与令人反感的传统广告相比，微博更具生命力，它可以让运营者与目标用户通过鼠标和键盘对话，通过对话，我们可以感知到消费者对我们的评价和好感度，并且及时进行反馈。这是传统报纸杂志无法媲美的。及时互动，可以为我们的个人形象和品牌形象加分。最有说服力的例子是美国大选：八年前，奥巴马竞选美国总统成功最重要的一点是，他在 Twitter 上与成千上万的"粉丝"互动，提前赢得国民的信任，这也是希拉里败阵的原因之一。八年后，特朗普与希拉里再次为我们演绎了同样的剧情。

（4）趣味——有意思，不枯燥。

从萌芽到今天，互联网蓬勃发展过程中的每一款网络产品的立足点大多离不开"娱乐"二字，即以幽默的文字、图片和视频展现内容，主打碎片文化的微博更是如此。一般来说，网民都不喜欢太官方的、枯燥无味的话题。缺乏趣味性的微博，"粉丝"会以最快的速度逃离。而失去了"粉丝"的关注和转发，微博将失去其真正的意义，将不再有营销价值。

趣味才是形成"病毒"传播的根本。我们要用娱乐来应对娱乐。与其自言自语乐此不疲地分享着自己看了都要吐的话题，还不如调足"粉丝"的胃口，传播一些自己看了都会笑的内容。

后 记

实现梦想，获得人生价值

一个人不能没有梦想。实现了梦想，也就获得了人生的价值。

人要通过自己的付出和努力，去实现心中的愿望。谁不想活得精彩？但是要想活得精彩，就要树立人生信仰，热爱生命。让爱充盈在生活里，让精神世界明亮，就需要物质强有力的支撑。而微营销事业，让人可以通过努力，拥有汗水与智慧浇灌出来的物质回报。当人实现财富自由的时候，精神自由会更有保障。

微营销是事业，也是工作，可以专职去做，也可以兼职做。这是一个让人在眼下这个时代，走向幸福的捷径：因为它不需要一个人硬性坐班，给人充分的时间支配自由，这是其他行业所不能比拟的。

为了让更多的人活得精彩，为了让更多的人找到生存之路，本书倾尽全力把微营销的技巧和智慧呈现给大家，让大家都成为自己人生的建设者，成为支配自己人生的主人。愿更多做微营销的人，以及更多即将要加入这个美好事业的人，都能通过阅读本书和辛勤耕耘摘到丰硕的果实。

微营销重在分享，愿更多的人成为我们的朋友，愿更多的人能实现自己的梦想！